新形式対応

TOEIC® L&R TEST
読解特急3
長めの記事編

神崎正哉　TEX加藤　Daniel Warriner

朝日新聞出版

編集協力 ──── 渡邊真理子
Joe F
Bradley Towle
Top Cloud Collaboration LLC
たか
及川亜也子
Karl Rosvold
秋庭千恵

録音協力 ──── 英語教育協議会（ELEC）
東健一
Emma Howard 🇬🇧
Howard Colefield 🇺🇸

写真 ──────── p. 242: © naiyyer - 123rf.com

もくじ

出発進行 記事を使って **Part 7 高負荷演習**

神崎

本書は2011年9月発行の『新TOEIC® TEST 読解特急3上級編』（朝日新聞出版）の改訂版です。TOEICのPart 7形式の読解問題が20セット100問入っています。

TEX

20セット中、5セットはこの改訂版用に新たに作りました。残りの15セットも修正を加えて改良してあります。そして、2016年5月の公開テストから導入された位置選択問題を10問用意しました。

Dan

位置選択問題は、文書中に4カ所空欄があり、ある一文が入る場所を見つける問題です。他の問題と解き方が異なるので、本書で練習を積み、コツを掴んでください。

上級者向けの負荷の高い読解問題を作るため、Part 7の文書タイプの中で難易度が高い傾向にある記事（article）のみを使いました。文書の長さも320語〜393語（平均356語）で、実際のTOEICで使われる文書より長めにしてあります。

また、実際のTOEICでは、Part 7の単文書問題（single passage）に付いている設問数は最大で4問ですが、本書ではすべてのセットに5問用意しました。5問付きの長めの記事なので、上級者にとってもやり応えのある読解演習ができるはずです。

TOEICで用いられる記事は、架空の人名・社名を使った創作ですが、本書の記事は事実に基づいていて、実際

の人名・社名を使っています。現実味があるので、読んでいて面白いと思います。本書の記事を楽しみながら読んでいただけたら嬉しいです。

本書が皆さんのTOEICスコアアップに役立つことを願っています。

2022年7月
著者一同

「位置選択問題」では、文書中の4カ所の空欄のうち、ある一文が入る場所を見つけます。文書中の空欄には1から4までの番号が付いていて、次のような問い方になります。

In which of the positions marked [1], [2], [3], and [4] does the following sentence best belong?

"Another reason is that the price is too high."

(A) [1]
(B) [2]
(C) [3]
(D) [4]

訳

---

[1]、[2]、[3]、[4] と記載された箇所のうち、次の文が入るのに最もふさわしいのはどれですか。

「もう1つの理由は、価格が高すぎることです」

このタイプの問題では、本文の文脈と挿入する文の意味を考えて、適切な挿入場所を探します。その際、本文と挿入する文をつなげるフック（hook：取っ掛かり）に気が付くと、適切な挿入場所が見つけ易くなります。例えば上記の例題では、

Another reason（もう１つの理由）がフックになります。「もう１つの理由」ということは、この文の前で他の理由が述べられているはずです。

位置選択問題のフックになることが多いのは、「前に出てきた語句を受ける語」と「文の流れの方向性を示す語句」です。

🚌 前に出てきた語句を受ける語

　□ 人称代名詞
　　（he、she、it、they、his、her、its、their など）
　□ the ⋯⋯⋯⋯⋯ その
　□ this ⋯⋯⋯⋯ これ／この
　□ that ⋯⋯⋯⋯ あれ／あの
　□ these ⋯⋯⋯ これら／これらの
　□ those ⋯⋯⋯ あれら／あれらの
　□ another ⋯ もう１つ／もう１つの
　□ one ⋯⋯⋯⋯ １つ／１つの
　□ each ⋯⋯⋯ それぞれ／それぞれの
　□ both ⋯⋯⋯ 両方とも／両方の
　□ either ⋯⋯ どちらかの人・物／どちらかの
　□ such ⋯⋯⋯ そのような
　□ there ⋯⋯⋯ そこで
　□ then ⋯⋯⋯ それで、その時

🚌 文の流れの方向性を示す語句

- □ so / therefore / thus ⋯⋯⋯⋯⋯⋯⋯⋯⋯⋯ よって
- □ but / however / nevertheless ⋯⋯⋯⋯⋯⋯ しかし
- □ in addition / additionally / moreover ⋯⋯⋯ さらに
- □ as a result / consequently ⋯⋯⋯⋯⋯ その結果として
- □ accordingly ⋯⋯⋯⋯⋯⋯⋯⋯⋯⋯⋯ それに応じて
- □ for example / for instance ⋯⋯⋯⋯⋯⋯ 例えば
- □ also ⋯⋯⋯⋯⋯⋯⋯⋯⋯⋯⋯⋯⋯⋯ 〜もまた

　位置選択問題では、上記のような語句に注目してください。また、同じ名詞の繰り返しや対になる表現などがフックとなる場合もあります。しかし、問題によっては、明確なフックがないこともあります。フックがない場合は、文意のみを頼りに適切な挿入場所を見つけます。文意をじっくり考えながら解くので、時間がかかります。

本書には「記事＋設問5」の読解問題が20セット入っています。後半に進むにつれて、文書が長くなっていきます。各文書の語数は、以下の通りです（文書のタイトルと位置選択問題の挿入文の語数も含む）。

文書番号	問題番号	語数
1	1–5	320
2	6–10	321
3	11–15	326
4	16–20	340
5	21–25	345
6	26–30	354
7	31–35	354
8	36–40	351
9	41–45	356
10	46–50	355

文書番号	問題番号	語数
11	51–55	359
12	56–60	358
13	61–65	362
14	66–70	358
15	71–75	369
16	76–80	369
17	81–85	375
18	86–90	376
19	91–95	378
20	96–100	393

　各セット、英文問題、解答解説、重要語句の語注、本文と設問・選択肢の訳で構成されています。さらに本文の読み上げ音声をアプリ上または音声ファイルをダウンロードして聴くことができます。基本的な学習手順は、以下の通りです。

1. 問題を解く

　1セット5分を目標にして、真剣に解いてください。

2. 答え合わせをする

　解説を読んで、正解の根拠も確認してください。

3. 重要語句の語注を確認する

問題中に知らない語句があったら、覚えるようにしましょう。

4. 訳を確認する

語句の意味を確認しても理解できない箇所は、訳を見て意味の確認をしてください。

5. 音声を使った練習をする

最後の締めとして、本文の読み上げ音声を聴きましょう。

本書は、以下のように使うと、学習効果を最大限に高めることができます。

① 設問と選択肢のパターンに慣れる

Part 7 で使われる設問と選択肢は、ある程度パターンが決まっています。そのパターンに慣れておくと本番で有利です。本書の問題を解く際、パターンを覚えることを意識しましょう。

② 正解の根拠を確認する

Part 7 の問題は、本文中に正解の根拠となる箇所が必ずあります。問題を解く際は、「ここにこう書いてあるから、答えはこれ」というように、根拠に基づいて答えを選ぶようにしてください。そして、答え合わせをする際は、正解不正解だけではなく、正解の根拠も正しかったかどうか確認するようにしましょう。

③ 同じ間違いをしないようにする

　間違えた問題があったら、必ずその原因をはっきりさせておいてください。読み間違えた、語句の意味がわからなかった、設問を正確に理解できていなかった、紛らわしい選択肢に引っかかった、などが考えられます。原因を突き止めて、同じ間違いを繰り返さないようにすれば、スコアが上がります。

④ 語彙力を高める努力をする

　TOEICのスコアアップには語彙力の養成が不可欠です。本書の問題中に知らない語句があったら、覚えるようにしましょう。本書では、問題中に出てきた重要語句に語注を付けてあります。そこに挙がっている語句は、Part 7だけではなく、他のパートでも役立ちますので、特に意識して学習してください。

```
──── 本書で用いられる記号表記 ────

動：動詞      名：名詞      形：形容詞    副：副詞

前：前置詞    接：接続詞    助：助動詞    代：代名詞

同：同義語    類：類語      反：反義語
```

⑤ 音声を使って、速く読む練習と声に出す練習をする

　Part 7はリーディング問題なので、実際のTOEICでは音声は流れませんが、本書では皆さんの学習をサポートする目的で、問題で使われている文書をネイティブスピーカーが読み上げた音声を用意しました（音声を聴く方法は次ページ参照）。この読み上げ音声は、速く読む練習に使えます。音声を流して、そのスピードに合わせて文書を目で追ってくださ

い。音声の読み上げスピードは、1分あたり140〜150語なので、そのペースで読めるようになると、TOEICのリーディング問題が最後まで解き終わるようになります。

　また、音声を真似して声に出す練習も英語力を伸ばすのにとても役立ちます。声に出す練習には、以下のようなものがあります。

🚌 リッスン&リピート

　1文ごとに音声を止めて、聞こえた通りに声に出して言う。

🚌 オーバーラッピング

　音声を流し、テキストを見ながら音声と同時進行で声に出して読む。

🚌 シャドーイング

　音声を流し、テキストを見ないで、音声を少し後から追いかける感じで、聞こえた通りに声に出す。

　声に出す練習をするときは、音のつながりや文のリズムなど、英語の音の特徴を意識しながら、英語っぽく聞こえるようにやってみてください。声に出す練習を行うと英語学習が楽しくなります。ぜひ日々の学習に取り入れてください。

本書の英文パッセージは、プロのナレーターにより朗読されています。男性は米国の Howard Colefield さん、女性は英国の Emma Howard さんです。

　音声データ（MP3 データ）は、お手持ちのパソコンにより、朝日新聞出版の HP から無料でダウンロードできます。

https://publications.asahi.com/toeic/

　そのデータをお聴きになる場合は、iTunes などのメディアプレーヤーに音声データ（MP3 データ）を取り込み、同期してください。

　また、アプリで音声をお聴きになる場合は、次ページの案内をご覧ください。

アプリで音声を聴く場合

AI英語教材アプリ abceed

iOS・Android 対応

無料のFreeプランで音声が聞けます

アプリで簡単に
再生できます

再生スピードを
変えることが
できます

＊ご使用の際は、アプリをダウンロードしてください
＊abceed内には本書の有料アプリ版もあります
＊使い方は、www.abceed.com でご確認ください

https://www.abceed.com/

記事を使って
Part 7 高負荷演習

$$20セット×5問$$
$$=100問$$

1

Questions 1–5 refer to the following article.   ◀ 01

Fort Lauderdale's Nautical Extravaganza

The city of Fort Lauderdale in Florida, dubbed the "Yachting Capital of the World," has hosted its International Boat Show for more than sixty years. — [1] —. It's the biggest event of its kind, featuring almost every type of boat imaginable, with even more watercraft than what you would find at similar large-scale shows in Düsseldorf or Genoa.

Divided into five separate zones covering a total area of over three million square feet, the venue for the International Boat Show is absolutely enormous. To shuttle people around, it has its own transportation network of water taxis and buses. Apart from boats and everything you need for a boat, the show features a number of other attractions as well. — [2] —. These include diving performances, sport fishing demonstrations, and places where kids can take part in boating- and fishing-related activities.

On display is a huge variety of boats, such as high-performance boats, sailing yachts, motor yachts, catamarans, ski boats, trawlers, inflatables, canoes, and executive super-yachts. The show spotlights more than three billion dollars' worth of watercraft, engines, devices, and accessories all made by major marine manufacturers and boat builders.

Despite fluctuating economic conditions over the past few decades, yacht sales have been on the rise. Yet the number of smaller boat shows has dwindled. So, more buyers are heading to the big shows like the one in Fort Lauderdale. — [3] —. The growing success of the Fort Lauderdale show, however, could also be a result of its ongoing marketing campaign in and outside the U.S.

Additionally, the organizers have made changes with a view to protecting the environment. — [4] —. For instance, it partnered with a company called Native Energy to work toward reducing electricity usage during the show. It also partners with purveyors to use locally sourced food products, and all food and drinks sold at the event are served in biodegradable disposable containers.

1. What is the article about?

    (A) A major trade show
    (B) A speed boat competition
    (C) A transportation forum
    (D) A luxury yacht auction

2. What type of boat is NOT listed in the article?

    (A) Catamaran
    (B) Trawler
    (C) Kayak
    (D) Inflatable

3. According to the article, what are the organizers doing?

    (A) They are conducting promotional activities internationally.
    (B) They are improving a ferry shuttle service in Florida.
    (C) They are calculating annual electricity consumption.
    (D) They are displaying merchandise at venues in Europe.

4. What is indicated in the article?

   (A) Residents of Fort Lauderdale can attend an event free of charge.
   (B) The Düsseldorf boat show was the largest of its kind for several years.
   (C) Native Energy set a target to reduce its own carbon dioxide emissions.
   (D) Some environmental practices have been implemented for an event.

5. In which of the positions marked [1], [2], [3], and [4] does the following sentence best belong?

"Consequently, more and more tickets are being sold every year."

   (A) [1]
   (B) [2]
   (C) [3]
   (D) [4]

この記事には、Fort Lauderdale's Nautical Extravaganza (Fort Lauderdaleの船舶の祭典) というタイトルが付いていて、The city of Fort Lauderdale in Florida, dubbed the "Yachting Capital of the World," has hosted its International Boat Show for more than sixty years. (「世界のヨットの都」と呼ばれる Florida の Fort Lauderdale 市は、国際ボートショーを60年以上、主催してきた) という文で始まる。そして記事全体で、この国際ボートショーの説明をしているので、(A) A major trade show (大規模な展示会) が正解。

 trade show (展示会、見本市) は、特定の業界の会社が集まって自社の製品やサービスをPRするイベントのことで、TOEICで頻出します。

(C) Kayak (カヤック) は記事中に出てこないので、これが正解。(A)、(B)、(D)は第3段落冒頭のOn display is a huge variety of boats, such as high-performance boats, sailing yachts, motor yachts, catamarans, ski boats, trawlers, inflatables, canoes, and executive super-yachts. (高性能ボート、帆走ヨット、モーター付きヨット、双胴船、スキーボート、トロール船、空気注入式ボート、カヌー、高級スーパーヨットなどの多様なボートが展示されている) で触れられている。

NOT問題ですが、正解以外の選択肢がすべて1つの文に出てきているので、答えが見つけやすかったかもしれ

ません。ちなみに、canoe（カヌー）はブレード（水か
き）がパドルの片方だけ、kayak（カヤック）は両方に付
いているのが違いです。

3. 正解 (A)

第4段落の終わりに、The growing success of the Fort
Lauderdale show, however, could also be a result of its
ongoing marketing campaign in and outside the U.S.（し
かし、Fort Lauderdaleの展示会の伸び続ける成功は、アメ
リカ国内外で行われている販売キャンペーンの結果でもある
かもしれない）とある。ここから、アメリカ国外でも販売キャ
ンペーンが行われていることがわかる。よって、(A) They
are conducting promotional activities internationally.
（販売促進活動を国際的に行っている）が正解。

 本文のmarketing campaign（販売キャンペーン）が正
解の選択肢ではpromotional activities（販売促進活
動）に言い換えられています。また、in and outside the
U.S.（アメリカ国内外で）ということは、internationally
（国際的に）と言うことができます。

4. 正解 (D)

最終段落冒頭に、Additionally, the organizers have made
changes with a view to protecting the environment.（さ
らに、主催者は環境を守る目的で、改善を行っている）とあ
り、その後ろで環境保護に向けた取り組みとして、どのよう
なことを行っているかが述べられている。よって、(D) Some

environmental practices have been implemented for an event. (イベントで環境活動が実施された) が正解。

🤓 正解の選択肢の動詞 implement は、「（正式に決まった政策や提案、決定等を）実施する」という意味の重要語です。名詞の implementation（実施）と合わせて覚えましょう。

5. 正解 (C)

挿入文は、Consequently, more and more tickets are being sold every year. (その結果として、毎年ますます多くのチケットが売られている) なので、この文の前には、チケットの売上増につながる事柄の記述があるはずである。第4段落の [3] の前に、So, more buyers are heading to the big shows like the one in Fort Lauderdale. (そのため、より多くの買い手は、Fort Lauderdale で催されているような大規模展示会に向かっている) とあるので、挿入位置として [3] が適切。ここに入れると直後の The growing success of the Fort Lauderdale show, however, could also be a result of its ongoing marketing campaign in and outside the U.S. (しかし、Fort Lauderdale の展示会の伸び続ける成功は、アメリカ国内外で行われている販売キャンペーンの結果でもあるかもしれない) とも上手くつながる。

😊 挿入文の Consequently（その結果として）がフックになっています。このような文の流れの方向性を示す語句は、位置選択問題を解く手掛かりになることがよくあります。

- **nautical** 形 船舶の
- **extravaganza** 名 華やかな祭典、派手なショー
- **dub** 動 〜と呼ぶ
- **yachting** 形 ヨットの
- **capital** 名 都、首都
- **host** 動 主催する
- **show** 名 ショー、展示会
- **of its kind** 同種類の
- **feature** 動 (展示会で) 出展する
- **imaginable** 形 想像できる
- **watercraft** 名 船
- **large-scale** 形 大規模の
- **divide** 動 分ける
- **separate** 形 別の、分かれた
- **zone** 名 区域
- **cover** 動 覆う
- **a total area of** 〜 総面積〜
- **square feet** 平方フィート
- **venue** 名 会場
- **absolutely** 副 実に、極めて、完全に
- **enormous** 形 巨大な
- **shuttle** 動 (人を) 移動させる
- **own** 形 独自の
- **transportation** 名 交通、輸送
- **water taxis** 水上タクシー
- **apart from** 〜 〜以外に
- **attraction** 名 呼び物、アトラクション
- **include** 動 含む
- **diving** 名 潜水、ダイビング
- **performance** 名 ショー、演技、公演

- □ **demonstration**　名 実演
- □ **take part in 〜**　〜に参加する　同 participate in
- □ **-related**　形 〜に関係する
- □ **activity**　名 活動
- □ **on display**　展示されている
- □ **a huge variety of 〜**　多様な〜
- □ **high-performance**　形 高性能の
- □ **sailing yacht**　帆走ヨット
- □ **catamaran**　名 双胴船
- □ **trawler**　名 トロール船 (底引網漁業に使われる船)
- □ **inflatable**　名 空気注入式ボート
- □ **canoe**　名 カヌー
- □ **executive**　形 高級な
- □ **spotlight**　動 スポットライトを当てる
- □ **〜 worth of A**　〜相当のA、〜の価値があるA
- □ **device**　名 機器
- □ **accessory**　名 付属品
- □ **major**　形 主要な、大規模な
- □ **marine**　形 海の
- □ **manufacturer**　名 製造業者、メーカー
- □ **boat builder**　造船会社
- □ **despite**　前 〜にもかかわらず　同 in spite of
- □ **fluctuating**　形 変動する
- □ **economic condition**　経済状況
- □ **past**　形 過去の
- □ **decade**　名 10年
- □ **on the rise**　上昇している
- □ **yet**　接 しかし
- □ **the number of 〜**　〜の数
- □ **dwindle**　動 減少する
- □ **head to 〜**　〜に向かう

- □ **growing** 形 伸び続ける、高まる、強まる
- □ **success** 名 成功
- □ **however** 副 しかし
- □ **could be ～** ～かもしれない
- □ **result** 名 結果
- □ **ongoing** 形 行われている、現在進行中の
- □ **additionally** 副 さらに
- □ **organizer** 名 主催者
- □ **make changes** 改善する、変更する
- □ **with a view to -ing** ～する目的で
- □ **protect** 動 守る
- □ **environment** 名 環境
- □ **for instance** 例えば 同 for example
- □ **partner** 動 提携する
- □ **reduce** 動 削減する、減らす
- □ **electricity usage** 電気消費量
- □ **purveyor** 名 (食料品などの) 業者
- □ **locally sourced** 地元産の
- □ **serve** 動 提供する
- □ **biodegradable** 形 生物分解性の
- □ **disposable** 形 使い捨ての
- □ **container** 名 容器
- □ **competition** 名 競技会
- □ **forum** 名 公開討論会、フォーラム
- □ **luxury** 形 高級な、豪華な
- □ **auction** 名 競売、オークション
- □ **list** 動 挙げる
- □ **kayak** 名 カヤック
- □ **conduct** 動 行う
- □ **promotional** 形 宣伝の
- □ **internationally** 副 国際的に

□ **improve**　動 改善する

□ **calculate**　動 計算する

□ **annual**　形 年間の

□ **electricity consumption**　電気消費量

□ **display**　動 展示する

□ **merchandise**　名 商品

□ **attend**　動 参加する

□ **free of charge**　無料で

□ **set a target**　目標を設定する

□ **carbon dioxide**　二酸化炭素

□ **emission**　名 排出量

□ **environmental practice** 環境活動

□ **implement**　動 実施する

□ **consequently**　副 その結果として

問題1〜5は次の記事に関するものです。

Fort Lauderdaleの船舶の祭典

「世界のヨットの都」と呼ばれるFloridaのFort Lauderdale市は、国際ボートショーを60年以上、主催してきた。それはこの種の催しで最も規模が大きく、想像できるほぼすべての種類のボートが出展され、DüsseldorfやGenoaの同様の大規模な展示会で見られるよりもさらに多くの船がある。

総面積300万平方フィート以上を覆う5つの別の区域に分けられた、国際ボートショーの会場は、実に巨大である。参加者を会場内で移動させるため、水上タクシーとバスの独自の交通網がある。ボートとボート用に必要なすべての物以外に、この展示会には、他の数多くの呼び物もある。それらは、潜水ショー、スポーツフィッシングの実演、子供がボート漕ぎや釣りに関係する活動に参加できる場所などを含む。

高性能ボート、帆走ヨット、モーター付きヨット、双胴船、スキーボート、トロール船、空気注入式ボート、カヌー、高級スーパーヨットなどの多様なボートが展示されている。この展示会は、30億ドル以上に相当する、いずれも主要な海洋製造業者と造船会社によって製造された船、エンジン、機器、付属品にスポットライトを当てる。

過去数十年に渡る経済状況の変動にもかかわらず、ヨットの売上は上昇している。しかし、小規模のボートショーの数は減少した。そのため、より多くの買い手は、Fort Lauderdaleで催されているような大規模展示会に向かっている。その結果として、毎年ますます多くのチケットが売られている。しかし、Fort Lauderdaleの展示会の伸び続ける成功は、アメリカ国内外で行われている販売キャンペーンの結果でもあるかもしれない。

さらに、主催者は環境を守る目的で、改善を行っている。例えば、展示会期間中の電気消費量を削減するために Native Energy という企業と提携した。また、地元産の食品を使用するために食品業者とも提携し、イベントで販売されるすべての飲食物は、生物分解性の使い捨ての容器で提供される。

1. この記事は、何についてですか。

   (A) 大規模な展示会
   (B) スピードボートの競技会
   (C) 交通に関する公開討論会
   (D) 高級ヨットの競売

2. 記事で挙げられていないボートの種類は、どれですか。

   (A) 双胴船
   (B) トロール船
   (C) カヤック
   (D) 空気注入式ボート

3. 記事によると、主催者は何をしていますか。

   (A) 販売促進活動を国際的に行っている。
   (B) Florida のフェリーのシャトルサービスを改善している。
   (C) 年間電気消費量を計算している。
   (D) ヨーロッパの会場で商品を展示している。

4. 記事で何が示されていますか。

   (A) Fort Lauderdale の住民は、無料でイベントに参加できる。
   (B) Düsseldorf のボートショーは、数年間、その種で最大であった。
   (C) Native Energy は、自社の二酸化炭素の排出量を削減するための目標を設定した。
   (D) イベントで環境活動が実施された。

5. [1]、[2]、[3]、[4]と記載された箇所のうち、次の文が入るの
   に最もふさわしいのはどれですか。

   「その結果として、毎年ますます多くのチケットが売られてい
   る」

   (A) [1]
   (B) [2]
   (C) [3]
   (D) [4]

2

Questions 6–10 refer to the following article. ◀ 02

The World's Priciest Private Residence

The Ambani family wanted their house in Mumbai, India, to be designed just the way they imagined it. They contacted the architecture firms Perkins + Will and Hirsch Bedner Associates, based in Dallas and Los Angeles, respectively, and plans were drawn up for what would be the largest and most expensive home on the planet. — [1] —. The 27-floor skyscraper, named Antilla, cost approximately $2 billion to construct and is remarkable for its glamour, eccentricity, and extravagance.

The Ambani residence is an incredible 550 feet high with 400,000 square feet of interior space. It cost more to build than a hotel or high-rise of similar height, as the family had requested that the design of each floor be entirely different. They also selected a wide range of styles so that no two rooms would look alike. — [2] —. That is because they did not want to experience a dramatic change when leaving one room and entering another.

Arriving at the house, guests are directed to one of the parking lots on the building's first six floors. In the lobby, they see lounges and nine elevators. — [3] —. Silver railings alongside stairways lead to a ballroom with a ceiling that has several crystal chandeliers. For entertainment, there is an indoor-outdoor bar, as well as powder rooms and even an area for security guards to relax. The patio near the outdoor swimming pool and yoga studio is lavishly decorated with plants. There is also an ice room where the Ambanis and guests can cool off amid artificial snow flurries.

Mukesh Dhirubhai Ambani, the owner of Antilla, is chairman and managing director of Reliance Industries, India's largest private-sector enterprise. He is also the richest person in India. He has said that his new home has more floor space than Louis XIV's palace at Versailles. — [4] —. His plans for the residence include using it for corporate entertainment.

6. What is the article mainly about?

(A) The layout of a corporation's headquarters
(B) The pastimes of the richest person in India
(C) The history of a wealthy family from Mumbai
(D) The features of a multi-story residence

7. According to the article, why did Antilla cost more to build than structures of a similar size?

(A) All of its floors have been made to appear different.
(B) A number of its walls have been lined with gold.
(C) Each of its floors has a sauna and Jacuzzi.
(D) All of its architects worked for one company.

8. What is NOT mentioned in the article about Antilla?

(A) Some of the building's lower floors can be used for parking.
(B) Nine elevators have been installed inside the building.
(C) Multiple lighting fixtures decorate a ceiling in one of its rooms.
(D) Outdoor observation decks are on its east and west sides.

9. Who is Mukesh Dhirubhai Ambani?

(A) A corporate executive
(B) A renowned architect
(C) A hotel owner
(D) A government official

10. In which of the positions marked [1], [2], [3], and [4] does the following sentence best belong?

"At the same time, they asked for consistency as well."

(A) [1]
(B) [2]
(C) [3]
(D) [4]

正解 (D)

この記事では、Antillaと名付けられた27階建ての世界一高価な個人宅についての特徴が記されている。よって、(D) The features of a multi-story residence (ある高層住宅の特徴) が正解。

storyには、「〜階建て」の意味があることも覚えておきましょう。たとえば、「20階建てのホテル」は「a 20-story hotel」、5階建ての建物は「a five-story building」です。

正解 (A)

第2段落に、It cost more to build than a hotel or high-rise of similar height, as the family had requested that the design of each floor be entirely different. (一家がそれぞれの階のデザインを全く異なるようにすることを求めたので、同様の高さのホテルや高層ビルより建設費用がかかった) とある。よって、(A) All of its floors have been made to appear different. (全階が違って見えるように作られている) が正解。

建設費用が多くかかった理由が、as以下で示されています。このasは、「〜なので」という意味で、becauseの同義語になります。

(D) Outdoor observation decks are on its east and west sides. (屋外の展望デッキが建物の東側と西側にある) に対応した記述はないので、これが正解。それ以外の選択肢は、対応する箇所が第3段落にある。(A) は段落冒頭のArriving at the house, guests are directed to one of the parking lots on the building's first six floors. (この家に到着すると、客は建物の最初の6階にある駐車場の1つへ案内される)、(B) は上記引用部に続く In the lobby, they see lounges and nine elevators. (ロビーで彼らは、複数のラウンジと9台のエレベーターを目にする)、(C) はその次の Silver railings alongside stairways lead to a ballroom with a ceiling that has several crystal chandeliers. (銀の手すりは階段と共に、いくつかの水晶のシャンデリアの付いた天井のあるダンスホールに通じる) が対応している。

😀 (C) で使われている lighting fixtures は「照明器具」のことです。本文のcrystal chandeliers (水晶のシャンデリア) が対応しています。

第4段落冒頭に、Mukesh Dhirubhai Ambani, the owner of Antilla, is chairman and managing director of Reliance Industries, India's largest private-sector enterprise. (Antillaのオーナーである Mukesh Dhirubhai Ambani は、インド最大の民間企業 Reliance Industries の会長兼最高経営責任者である) とある。chairman and managing director of Reliance Industries, India's largest private-sector enterprise（インド最大の民間企業Reliance Industriesの会長兼最高経営責任者）ということなので、(A) A corporate executive（企業の重役）が正解。

😀 executive は「重役」のことで、 chairman（会長）や managing director（最高経営責任者）に加え、chief executive officer（最高経営責任者、CEO）、president（社長）、vice president（副社長）、director（取締役）、manager（部長）などの肩書を持つ人が該当します。

10. 正解 (B)

挿入文は、At the same time, they asked for consistency as well.（同時に彼らは、一貫性も求めた）となっているので、この文の前に一貫性と同時に求めたことに関する記述があると上手くつながる。第2段落の[2]の前は、It cost more to build than a hotel or high-rise of similar height, as the family had requested that the design of each floor be entirely different. They also selected a wide range of styles so that no two rooms would look alike.（一家がそれぞれの階のデザインを全く異なるようにすることを求めたので、同様の高さのホテルや高層ビルより建設費用がかかった。彼らはまた、似ている部屋が2つないように多様なスタイルを選んだ）となっている。よって、挿入文を[2]に入れると、違いと同時に一貫性も求めた、という自然な流れができる。

😀 本文のrequested（求めた）と挿入文のasked for 〜 as well（〜も求めた）がフックとなります。また、本文のentirely different（全く異なる）およびno two rooms would look alike（似ている部屋が2つない）と挿入文

のconsistency（一貫性）との間に対比の関係があることもヒントになります。

語句

- □ **pricey** 形 高価な 同 expensive
- □ **private** 形 個人用の
- □ **residence** 名 住宅、住居
- □ **design** 動 設計する
- □ **just the way ～** ～の通りに
- □ **imagine** 動 想像する
- □ **contact** 動 連絡をとる
- □ **architecture** 名 建築
- □ **firm** 名 会社 同 company
- □ **architecture firm** 建築事務所
- □ **based in ～** ～に拠点を置く
- □ **respectively** 副 それぞれ
- □ **draw up** 作成する
- □ **planet** 名 惑星
- □ **on the planet** 地球上で
- □ **-floor** 形 ～階建ての 同 -story
- □ **skyscraper** 名 超高層ビル
- □ **named** 形 ～と名付けられた
- □ **cost** 動 費用がかかる（過去形・過去分詞もcost）
- □ **approximately** 副 約 同 about
- □ **construct** 動 建設する
- □ **remarkable** 形 並外れている
- □ **glamour** 名 華やかさ
- □ **eccentricity** 名 奇抜さ
- □ **extravagance** 名 贅沢さ
- □ **incredible** 形 驚くべき

- □ **square feet** 平方フィート
- □ **interior** 形 内側の 反 exterior 外側の
- □ **interior space** 内部空間
- □ **high-rise** 名 高層ビル
- □ **similar** 形 同様の
- □ **height** 名 高さ
- □ **request** 動 求める
- □ **entirely** 副 全く、完全に
- □ **select** 動 選ぶ
- □ **a wide range of ～** 多様な～
- □ **alike** 形 よく似ている
- □ **experience** 動 感じる
- □ **dramatic** 形 急激な
- □ **direct** 動 案内する
- □ **parking lot** 駐車場
- □ **railing** 名 手すり
- □ **alongside** 前 ～と共に
- □ **stairway** 名 階段
- □ **lead to ～** ～に通じる
- □ **ballroom** 名 ダンスホール
- □ **ceiling** 名 天井
- □ **crystal** 名 水晶
- □ **chandelier** 名 シャンデリア
- □ **entertainment** 名 娯楽
- □ **indoor-outdoor bar** 屋内屋外併用バー（一部が屋内、一部が屋外になっているバー）
- □ **powder room** 化粧室
- □ **security guard** 警備員
- □ **relax** 動 くつろぐ
- □ **patio** 名 パティオ、中庭
- □ **lavishly** 副 豪華に

- □ **decorate** 動 飾る
- □ **cool off** 涼を取る
- □ **artificial** 形 人工の
- □ **snow flurry** にわか雪
- □ **chairman** 名 会長
- □ **managing director** 最高経営責任者 同 chief executive officer（CEO）
- □ **private-sector** 形 民間部門の 反 public-sector 公共部門の
- □ **enterprise** 名 企業
- □ **floor space** 床面積
- □ **corporate** 形 企業の
- □ **layout** 名 レイアウト、配置
- □ **headquarters** 名 本社
- □ **pastime** 名 娯楽
- □ **wealthy** 形 裕福な 同 rich, affluent
- □ **feature** 名 特徴
- □ **multi-story** 形（建物が）高層の、多層の
- □ **structure** 名 建造物
- □ **appear** 動（～のように）見える
- □ **a number of ～** 多くの～
- □ **lined with ～** ～が付いている
- □ **Jacuzzi** 名 ジャグジー
- □ **architect** 名 建築士
- □ **install** 動 設置する
- □ **multiple** 形 複数の
- □ **lighting fixture** 照明器具
- □ **observation** 名 観測
- □ **observation deck** 展望デッキ
- □ **executive** 名 重役
- □ **renowned** 形 著名な 同 famous, well-known
- □ **government official** 政府の役人

□ **at the same time** 同時に
□ **ask for ~** ～を求める
□ **consistency** 名 一貫性

訳 🚄

問題6～10は次の記事に関するものです。

世界で最も高価な個人宅

Ambani一家は、インドのMumbaiの自宅を自分たちの想像した通りに設計したかった。彼らは、それぞれDallasとLos Angelesに拠点を置く設計事務所、Perkins + WillとHirsch Bedner Associatesに連絡を取り、地球上で最も大きく最も高価な家となる建物の設計図が作成された。Antillaと名付けられた27階建ての超高層ビルは、建設に約20億ドルかかり、華やかさ、奇抜さ、贅沢さにおいて並外れている。

Ambani一家の住居は、驚くべき550フィートの高さで、40万平方フィートの内部空間を持つ。一家がそれぞれの階のデザインを全く異なるようにすることを求めたので、同様の高さのホテルや高層ビルより建設費用がかかった。彼らはまた、似ている部屋が2つないように多様なスタイルを選んだ。同時に彼らは、一貫性も求めた。それは、1つの部屋を出て別の部屋に入る時、急激な変化を感じたくなかったからである。

この家に到着すると、客は建物の最初の6階にある駐車場の1つへ案内される。ロビーで彼らは、複数のラウンジと9台のエレベーターを目にする。銀の手すりは階段と共に、いくつかの水晶のシャンデリアの付いた天井のあるダンスホールに通じる。娯楽目的で屋内屋外併用バーがあり、さらに化粧室と警備員がくつろぐための部屋まで用意されている。屋外プールとヨガスタジオのそばのパティオは、植物によって豪華に飾られている。また、

Ambani一家と客が人工のにわか雪の中で涼を取ることができる氷室もある。

Antillaのオーナーである Mukesh Dhirubhai Ambani は、インド最大の民間企業 Reliance Industries の会長兼最高経営責任者である。彼はインドで1番の富豪でもある。彼の新しい家はルイ14世のベルサイユの宮殿より床面積が広い、と彼は語った。この住居の今後の予定は、企業接待のための利用も含む。

6. 記事は、主に何に関するものですか。

    (A) 企業の本社のレイアウト
    (B) インドで1番の富豪の娯楽
    (C) ムンバイの富裕な一族の歴史
    (D) ある高層住宅の特徴

7. 記事によると、なぜAntillaは同様の大きさの建造物より、建設費用がかかりましたか。

    (A) 全階が違って見えるように作られている。
    (B) 多くの壁に金が付けられている。
    (C) 各階にサウナとジャグジーがある。
    (D) 建築士が全員1つの会社に勤めていた。

8. 記事でAntillaに関して述べられていないのは何ですか。

    (A) 建物の下の方の階のいくつかは、駐車に利用できる。
    (B) 建物内に9台のエレベーターが設置されている。
    (C) 複数の照明器具が1つの部屋の天井を飾っている。
    (D) 屋外の展望デッキが建物の東側と西側にある。

9. Mukesh Dhirubhai Ambani は誰ですか。

   (A) 企業の重役
   (B) 著名な建築家
   (C) ホテルのオーナー
   (D) 政府の役人

10. [1]、[2]、[3]、[4]と記載された箇所のうち、次の文が入るの
    に最もふさわしいのはどれですか。

   「同時に彼らは、一貫性も求めた」

   (A) [1]
   (B) [2]
   (C) [3]
   (D) [4]

3

Questions 11–15 refer to the following article. ◀ 03

Annin & Company

When brothers Benjamin and Edward Annin started Annin Flagmakers in New York City, the American flag was only 70 years old. The year was 1847, and they had joined their father's business of sewing flags for merchant ships on the city's waterfront. — [1] —. They were also establishing what would become a prosperous company and part of American history.

Flags sell best during times of intense patriotism, which is why they were in such high demand in the North during the American Civil War between 1861 and 1865. — [2] —. Toward the end of the war, Annin's business started booming due to this demand. It was also the first time in America that large numbers of flags were being bought by regular citizens, who would proudly display them on their land and homes.

This surge in demand for flags came during the latter years of the American Industrial Revolution. Many inventions were created throughout this period of technological innovation. — [3] —. Annin was equipped with several and could therefore produce far more flags at a much faster speed compared to hand sewing.

With greater production capacity, Annin grew quickly. And by 1917 it was ready for another boom in business, triggered by America's involvement in World War I. To cope with ever-growing demand for its products, the company built its flagship plant in Verona, New Jersey.

Having a rich history and reputation for quality, Annin came to be known as America's leading flag maker by the mid-twentieth century. — [4] —. It now boasts the broadest range of flag products, largest inventory of flags, and best service. To this day, the company remains family owned. It employs over 500 people and continues to take pride in its history and product quality.

Annin flags have been used in many notable events, including every U.S. presidential inauguration since 1849; expeditions to the North Pole, South Pole, and Mount Everest; and the Apollo 11 mission to the moon.

11. Who were Benjamin and Edward Annin?

    (A) Historians
    (B) Architects
    (C) Business owners
    (D) Government officials

12. According to the article, when did Annin Flagmakers first start growing rapidly?

    (A) During a period of peace and prosperity
    (B) During an era of rapid population growth
    (C) During an age of urban development
    (D) During a time of conflict in the U.S.

13. What is indicated about Annin flags?

    (A) They are all hand sewn.
    (B) They are of high quality.
    (C) They are only sold in the U.S.
    (D) They are cheaper than others.

14. What is NOT mentioned about Annin Flagmakers in the article?

(A) It constructed a manufacturing plant in New Jersey.

(B) It produced a flag that was taken to the moon.

(C) It has been owned by the same family.

(D) It developed its own fabric with excellent durability.

15. In which of the positions marked [1], [2], [3], and [4] does the following sentence best belong?

"One such example was the sewing machine."

(A) [1]

(B) [2]

(C) [3]

(D) [4]

第1段落冒頭に、When brothers Benjamin and Edward Annin started Annin Flagmakers in New York City (Benjamin と Edward Annin の兄弟が New York 市で Annin Flagmakers を始めたとき) とある。ここから、この兄弟が Annin Flagmakers という会社を興したことがわかるので、(C) Business owners (事業主) が正解。

😀 この兄弟が、商船用の旗を作っていた父親の会社で経験を積み、1847年に国旗を作る事業を興したことが第1段落で述べられています。

第2段落に、Flags sell best during times of intense patriotism, which is why they were in such high demand in the North during the American Civil War between 1861 and 1865. — [2] —. Toward the end of the war, Annin's business started booming due to this demand. (旗は愛国心が高まる時期に最もよく売れる。そのため、1861年から1865年までのアメリカ南北戦争中、北部で旗はかなり高い需要があった。戦争の終わり頃に Annin の商売は、この需要により繁盛し始めた) とある。この会社はアメリカ南北戦争の際に繁盛し始めたということなので、(D) During a time of conflict in the U.S. (アメリカでの紛争時) が正解。

😊 本文の American Civil War (アメリカ南北戦争) が選択肢では conflict in the U.S. (アメリカでの紛争) に言い換えられています。

第5段落冒頭に、Having a rich history and reputation for quality, Annin came to be known as America's leading flag maker by the mid-twentieth century. (豊かな歴史と品質に対する評判で、Annin は20世紀中頃までにはアメリカで1番の旗メーカーとして知られるようになった)、同段落の終わりに、It employs over 500 people and continues to take pride in its history and product quality. (同社は500人を超える人員を雇用し、その歴史と製品の品質に誇りを持ち続けている) とある。この会社は、品質に対する評判があり、製品の品質に誇りを持っているということなので、この会社が作っている旗は高品質であることが伺える。よって、(B) They are of high quality. (品質が高い) が正解。

品質に対する評判がある、品質に誇りを持っているということは、品質が高いということを示しています。

(D) It developed its own fabric with excellent durability. (優れた耐久性のある独自の生地を開発した) に対応した記述はないので、これが正解。(A) は第4段落終わりの the company built its flagship plant in Verona, New Jersey (同社は New Jersey の Verona に主力工場を建設した)、(B) は最終段落の Annin flags have been used in many notable events, including...the Apollo 11 mission to the moon. (Annin の旗は…アポロ11号の月への飛行を含む、多くの重要な行事に使われてきた)、(C) は第5段落の To this day, the company remains family owned. (今日まで、同

社は同族経営を続けている）が対応している。

🙂 durability（耐久性）や派生語の durable（耐久性があ
る）は、製品の特長を示す単語として、選択肢にも頻出
します。覚えておきましょう。

15. 正解 (C)

挿入文は、One such example was the sewing machine.
（その一例はミシンである）なので、この文の前には、ミシ
ンがその一例となるような事柄が述べられているはずであ
る。[3]の前は、Many inventions were created throughout
this period of technological innovation.（多くの発明品が
この技術革新の期間を通して生み出された）となっているの
で、[3]に入れると、ミシンが many inventions（多くの発
明品）の一例となり、上手くつながる。

😎 [3]に入れると、後ろの Annin was equipped with sev-
eral（Anninは、その数台を備えた）のseveralがseveral
sewing machines（数台のミシン）の意味になるので、
後続部分との関係からもここが適切な挿入位置である
とわかります。

- □ **sew** 動 縫う（過去形は sewed、過去分詞は sewn）
- □ **merchant** 名 商人、貿易商
- □ **merchant ship** 商船
- □ **waterfront** 名 臨海地区
- □ **establish** 動 確立する
- □ **prosperous** 形 繁栄している
- □ **intense** 形 とても強い、激しい
- □ **patriotism** 名 愛国心
- □ **demand** 名 需要 反 supply 供給
- □ **American Civil War** アメリカ南北戦争
- □ **toward the end of ～** ～の終わり頃
- □ **boom** 動 （商売が）繁盛する
- □ **due to ～** ～のため 同 because of, owing to
- □ **regular** 形 普通の
- □ **citizen** 名 市民
- □ **proudly** 副 誇りを持って
- □ **display** 動 （旗を）揚げる
- □ **surge** 名 高まり、急騰
- □ **latter years** 後年
- □ **industrial revolution** 産業革命
- □ **invention** 名 発明品
- □ **create** 動 生み出す、作り出す
- □ **technological** 形 技術の
- □ **innovation** 名 革新
- □ **be equipped with ～** ～を備える
- □ **several** 代 （前に出てきた物を受けて）そのいくつか
- □ **therefore** 副 よって
- □ **produce** 動 生産する
- □ **compared to ～** ～と比べて 同 compared with
- □ **hand sewing** 手縫い

- □ **production** 名 生産
- □ **capacity** 名 能力
- □ **trigger** 動 もたらす
- □ **involvement** 名 関与
- □ **cope with ～** ～に対応する
- □ **ever-growing** 形 増え続ける
- □ **flagship** 形 主要な
- □ **plant** 名 工場 同 factory
- □ **reputation** 名 評判
- □ **quality** 名 品質
- □ **come to be known as ～** ～として知られるようになる
- □ **leading** 形 1番の、大手の
- □ **boast** 動 誇る
- □ **broad** 形 広い
- □ **inventory** 名 在庫
- □ **remain** 動 ～のままでいる
- □ **family owned** 同族経営の
- □ **employ** 動 雇用する
- □ **continue to ～** ～し続ける
- □ **take pride in ～** ～を誇りに思う
- □ **notable** 形 重要な
- □ **inauguration** 名（アメリカ大統領）就任式
- □ **expedition** 名 遠征
- □ **North Pole** 北極
- □ **South Pole** 南極
- □ **Mount Everest** エベレスト山
- □ **Apollo 11** アポロ11号
- □ **mission** 名 宇宙飛行
- □ **historian** 名 歴史家
- □ **architect** 名 建築士
- □ **business owner** 事業主

□ **government official**　政府の役人
□ **grow**　動 成長する（過去形は grew、過去分詞は grown）
□ **rapidly**　副 急速に
□ **period**　名 期間
□ **peace**　名 平和
□ **prosperity**　名 繁栄
□ **era**　名 時期、時代
□ **rapid**　形 急速な
□ **population**　名 人口
□ **growth**　名 増加
□ **age**　名 時代
□ **urban development**　都市開発
□ **conflict**　名 紛争
□ **indicate**　動 示す
□ **hand sewn**　手で縫われた、手縫いの
□ **of high quality**　品質の高い
□ **mention**　動 述べる
□ **manufacturing**　形 製造の
□ **own**　形 所有する
□ **develop**　動 開発する
□ **fabric**　名 生地
□ **excellent**　形 優れた
□ **durability**　名 耐久性
□ **sewing machine**　ミシン

問題11～15は次の記事に関するものです。

Annin & Company

Benjamin と Edward Annin の兄弟が New York 市で Annin Flagmakers を始めたとき、アメリカ国旗はまだ70年の歴史しかなかった。年は1847年で、彼らは市の臨海地区で商船向けの旗を縫う父の仕事にすでに加わっていた。同時に彼らは、後に繁盛した企業となり、アメリカの歴史の一部となるものを確立していた。

旗は愛国心が高まる時期に最もよく売れる。そのため、1861年から1865年までのアメリカ南北戦争中、北部で旗はかなり高い需要があった。戦争の終わり頃にAnninの商売は、この需要により繁盛し始めた。また、一般市民が多数の旗を購入し、誇らしげに自分の土地や家に掲げるというのも、アメリカで最初のことだった。

この旗の需要の高まりは、アメリカの産業革命の後年に起こった。多くの発明品がこの技術革新の期間を通して生み出された。その一例はミシンである。Anninは、その数台を備えたので、手縫いと比べはるかに多くの旗を、さらに速い速度で生産することができた。

生産能力の向上にともない、Anninは急速に成長した。そして1917年までには、アメリカの第一次世界大戦参戦によってもたらされた次の商売の急成長に対する準備ができていた。製品への増え続ける需要に対応するため、同社は New Jersey の Verona に主力工場を建設した。

豊かな歴史と品質に対する評判で、Anninは20世紀中頃までにはアメリカで1番の旗メーカーとして知られるようになった。同

社は現在、最も広い品揃えの旗製品、最も大量の旗の在庫、そして最高のサービスを誇っている。今日まで、同社は同族経営を続けている。同社は500人を超える人員を雇用し、その歴史と製品の品質に誇りを持ち続けている。

Anninの旗は、1849年以降のすべてのアメリカ大統領就任式、北極、南極、エベレスト山への遠征、アポロ11号の月への飛行を含む、多くの重要な行事に使われてきた。

11. BenjaminとEdward Anninは、誰でしたか。

　　(A) 歴史家
　　(B) 建築士
　　(C) 事業主
　　(D) 政府の役人

12. 記事によると、Annin Flagmakersが最初に急成長し始めたのは、いつですか。

　　(A) 平和と繁栄の期間
　　(B) 急速な人口増加の時期
　　(C) 都市開発の時代
　　(D) アメリカでの紛争時

13. Anninの旗について、何が示されていますか。

　　(A) すべて手縫いである。
　　(B) 品質が高い。
　　(C) アメリカ国内でのみ販売されている。
　　(D) 他の物より安い。

14. 記事でAnnin Flagmakersについて、述べられていないのは
何ですか。

(A) New Jersey に製造工場を建設した。
(B) 月へ持って行かれた旗を作った。
(C) 同じ一族に所有されている。
(D) 優れた耐久性のある独自の生地を開発した。

15. [1]、[2]、[3]、[4] と記載された箇所のうち、次の文が入るの
に最もふさわしいのはどれですか。

「その一例はミシンである」

(A) [1]
(B) [2]
(C) [3]
(D) [4]

4

Questions 16–20 refer to the following article.   ◀ 04

WELCOME TO THE WORLD OF
CLOUD COMPUTING

Cloud computing is a way of accessing data through services that run on the Internet. One example is e-mail. Whereas software programs like Outlook and other desktop applications have traditionally been used locally for accessing e-mail, services such as Google's Gmail allow users to view their messages anywhere online through a browser.

Since 2007, other services such as word processing, photo sharing, and presentations have moved into the cloud computing arena. If you have uploaded a video to YouTube or a photograph to Instagram, you are already using it. You may also be using Google's office environment "in the cloud," which includes word processing and presentation applications.

On the business stage, cloud computing has become very popular, and many companies have sprung up to provide cloud-based services. These solutions are focused on making services as simple to use as possible. But as solution providers race to develop the ultimate cloud platforms, security concerns related to storing personal data online have also grown.

For many, however, the benefits seem to outweigh the risks. According to a survey by Microsoft, 48.3 percent of respondents cited lowered infrastructure costs as a chief benefit of cloud computing. Another 47.7 percent believed it was necessary for collaborating globally, and 38.4 percent felt it would help them more quickly respond to business demands.

Companies around the world have adopted cloud computing despite the potential problems it poses. Every aspect of IT infrastructure has been affected by this change, from service providers and developers to end users. Not only has this increased the volume of work in the IT industry and thus the number of jobs, but it has also raised efficiency. Consequently, the cloud can be considered environmentally friendly as well since higher efficiency results in energy savings.

Unquestionably, cloud computing is revolutionizing the way the IT world operates. While companies and organizations of all sizes across all sectors are drawn to its advantages, it is clear that a new stage in the evolution of the Internet is underway.

16. What is the article mainly about?

   (A) A means of accessing and delivering data online
   (B) A computer capable of storing large amounts of data
   (C) A way of making computing systems secure against attacks
   (D) A photo- and video-sharing application that will be released

17. What did 48.3 percent of the survey respondents think about cloud computing?

   (A) Its main advantage is lower infrastructure costs.
   (B) Its key feature allows them to respond faster to orders.
   (C) It is essential when working with foreign businesses.
   (D) It makes communication with clients easier.

18. What does the author suggest about cloud computing?

(A) It has resulted in the downsizing and closure of IT businesses.

(B) It is being used by many companies despite the risks involved.

(C) It has yet to be implemented in some countries around the world.

(D) It will eventually become a regulated utility like gas or electricity.

19. According to the article, how has cloud computing affected the business world?

(A) Companies are spending larger amounts on Internet security.

(B) Web site design is becoming more and more profitable.

(C) Presentations are increasingly being given via the Internet.

(D) Jobs related to information technology have increased.

20. What is the author sure about?

(A) Cloud computing will be a requirement of doing business.

(B) Service providers are unable to meet client demands.

(C) Increasingly fewer companies trust online data storage.

(D) The evolution of the Internet has reached a new level.

この記事は、クラウドコンピューティングに関するものである。クラウドコンピューティングは、第1段落冒頭で説明されており、Cloud computing is a way of accessing data through services that run on the Internet. (クラウドコンピューティングとは、インターネット上で作動するサービスを介してデータにアクセスする方法である) となっている。利用者がデータにアクセスするということは、クラウド側から見れば利用者にデータを送っていることになるので、(A) A means of accessing and delivering data online (オンライン上でデータにアクセスし、データを配信する方法) が正解。

 meansは、語末にsが付いていますが、単数形なので、注意してください。単数形なので前に不定冠詞が付いて、A means ofとなっています。means of 〜で「〜の方法、手段」という意味で、way of 〜と同様の意味になります。

48.3%の回答者のクラウドコンピューティングに対する意見が問われているので、48.3 percentがキーワードになる。第4段落に、48.3 percent of respondents cited lowered infrastructure costs as a chief benefit of cloud computing (48.3%の回答者が、インフラのコストが低くなることをクラウドコンピューティングの主な恩恵として挙げている) とあるので、(A) Its main advantage is lower infrastructure costs. (主な利点は、より低いインフラのコストである) が正解。

48.3 percentを手掛かりに本文を検索すればいいので、答えを導きやすかったと思います。(B)は38.4%の、(C)は47.7%の回答者の意見でした。

---

18. 正解 (B)

第5段落冒頭に、Companies around the world have adopted cloud computing despite the potential problems it poses.（クラウドコンピューティングがもたらす潜在的な問題にもかかわらず、世界中の企業はクラウドコンピューティングを導入している）とある。よって、(B) It is being used by many companies despite the risks involved.（それに伴うリスクにもかかわらず、多くの企業に利用されている）が正解。

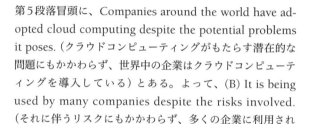 個人データをクラウド上で保存することには安全上のリスクがあるが、それよりもメリットの方が大きいと多くの人が考えていることが、第3・4段落でも述べられています。

---

19. 正解 (D)

第5段落に、Not only has this increased the volume of work in the IT industry and thus the number of jobs（このことは、IT業界における仕事量を増やし、その結果として職の数を増やすというだけでなく）とある。ここから、IT業界の仕事が増えた結果、IT関係の職も増えたことがわかるので、(D) Jobs related to information technology have increased.（情報技術に関連する職が増えた）が正解。

😎 本文の該当箇所は、This has not only increased...の
not only が文頭に出た倒置形で、thisは前文の内容を
指しています。

---

20. 正解 (D)

最終段落の終わりに、it is clear that a new stage in the
evolution of the Internet is underway（インターネットの
進化の新たな段階が、すでに始まっている）とある。よって、(D) The evolution of the Inter-
net has reached a new level.（インターネットの進化は、新
しいレベルに達した）が正解。

😊 本文の a new stage ... is underway（新たな段階がす
でに始まっている）が正解の選択肢では、has reached
a new level（新しいレベルに達した）に言い換えられて
います。

- □ **cloud**　名 雲、（コンピューターの）クラウド
- □ **cloud computing**　クラウドコンピューティング（コンピューターのサーバー、データベース、ソフトウェアなどをインターネットを介して共同利用するシステム）
- □ **access**　動 アクセスする
- □ **run**　動 作動する
- □ **whereas**　接 〜であるのに対して
- □ **application**　名 （コンピューターの）アプリケーション
- □ **traditionally**　副 従来
- □ **locally**　副 （ソフトウェアなどを）ローカル環境で、個人のコンピューター内で
- □ **allow A to 〜**　Aが〜できるようにする
- □ **browser**　名 ブラウザー（閲覧ソフト）
- □ **word processing**　文書作成
- □ **photo sharing**　写真共有
- □ **arena**　名 活動領域
- □ **environment**　名 環境
- □ **include**　動 含む　反 exclude 除く
- □ **stage**　名 舞台
- □ **spring up**　誕生する、現れる（springの過去形はsprang/sprung、過去分詞はsprung）
- □ **solution**　名 ソリューション（問題解決を支援する製品やサービス）
- □ **focus on 〜**　〜に重点を置く
- □ **as 〜 as possible**　可能な限り〜に
- □ **develop**　動 開発する
- □ **ultimate**　形 究極の
- □ **security**　名 セキュリティー（電子データを不正利用から守るための手段）
- □ **concern**　名 懸念

- □ **store** 動 保存する
- □ **grow** 動 高まる（過去形は grew、過去分詞は grown）
- □ **many** 名 多くの人
- □ **benefit** 名 利点
- □ **outweigh** 動 勝る
- □ **survey** 名 調査
- □ **respondent** 名 回答者
- □ **cite** 動 挙げる
- □ **lower** 動 下げる 同 reduce
- □ **infrastructure** 名 インフラ、基盤
- □ **chief** 形 主な
- □ **necessary** 形 必要な、欠かせない
- □ **collaborate** 動 共同して働く
- □ **respond** 動 応える
- □ **demand** 名 需要
- □ **adopt** 動 導入する
- □ **despite** 前 〜にもかかわらず
- □ **potential** 形 潜在的な
- □ **pose** 動 もたらす
- □ **aspect** 名 側面
- □ **affect** 動 影響を与える
- □ **developer** 名 開発者
- □ **volume** 名 量 同 amount
- □ **industry** 名 産業
- □ **efficiency** 名 効率
- □ **consequently** 副 その結果
- □ **consider A as 〜** Aを〜であると見なす
- □ **environmentally friendly** 環境に優しい
- □ **result in 〜** 〜につながる
- □ **energy saving** 省エネルギー
- □ **unquestionably** 副 疑いなく

- □ **revolutionize** 動 革命を起こす
- □ **operate** 動 機能する
- □ **organization** 名 組織
- □ **sector** 名 部門
- □ **draw** 動 引き付ける（過去形は drew、過去分詞は drawn）
- □ **advantage** 名 利点
- □ **evolution** 名 進化
- □ **underway** 形 すでに始まっている、進行中である
- □ **means** 名 方法　注：語末に -s がついているが単数扱い
- □ **deliver** 動 配信する
- □ **capable** 形 可能な
- □ **secure** 形 安全な
- □ **release** 動 公開する
- □ **feature** 名 機能
- □ **essential** 形 欠かせない
- □ **foreign** 形 外国の
- □ **downsize** 動 規模を縮小する
- □ **closure** 名 閉鎖
- □ **have yet to ～** まだ～されていない（= have not ～ yet）
- □ **implement** 動 実践する
- □ **regulate** 動 規制する
- □ **utility** 名 公益事業
- □ **profitable** 形 利益になる、儲かる
- □ **increasingly** 副 ますます
- □ **related to ～** ～に関連する
- □ **requirement** 名 必要条件
- □ **unable to ～** ～できない
- □ **meet** 動 満たす
- □ **data storage** データストーレージ、データ記憶装置
- □ **reach** 動 達する

問題16〜20は次の記事に関するものです。

クラウドコンピューティングの世界へようこそ

クラウドコンピューティングとは、インターネット上で作動するサービスを介してデータにアクセスする方法である。その一例は、Eメールである。従来、Outlookや他のデスクトップアプリケーションのようなソフトウェアプログラムがローカル環境でEメールにアクセスするのに使われてきたのに対し、GoogleのGmailのようなサービスは、ユーザーがオンライン上どこからでもブラウザー上でメッセージを見られるようにしている。

2007年以降、文書作成、写真共有、プレゼンテーションのような他のサービスもクラウドコンピューティングの領域へ移った。もしあなたが動画をYouTubeに、または写真をInstagramにアップロードしたことがあるなら、すでにそれを利用していることになる。またあなたは、文書作成やプレゼンテーションのアプリケーションを含むGoogleのオフィス環境を「クラウドの中で」使っているかもしれない。

ビジネスの舞台では、クラウドコンピューティングはとても人気が高まり、クラウドベースサービスを提供する企業が数多く誕生している。これらのソリューションは、サービスを可能な限り簡単に使えるようにすることに重点を置いている。しかし、究極のクラウドプラットフォームを開発しようとソリューションプロバイダーが競い合う中、個人データをオンラインで保存することに関するセキュリティー上の懸念も高まっている。

しかし多くの人々にとって、恩恵がリスクを上回るようである。Microsoftの調査によると、48.3%の回答者が、インフラのコストが低くなることをクラウドコンピューティングの主な恩恵として挙げている。47.7%の回答者は、グローバルに共同して

働くのに欠かせないと考えており、38.4%はビジネス上の需要により迅速に応える助けになると感じている。

クラウドコンピューティングがもたらす潜在的な問題にもかかわらず、世界中の企業はクラウドコンピューティングを導入している。この変化によって、サービスプロバイダーと開発者からエンドユーザーまで、ITインフラのあらゆる側面が影響を受けている。このことは、IT業界における仕事量を増やし、その結果として職の数を増やすというだけでなく、効率をも上げてきた。その結果、高い効率は省エネルギーにつながるので、クラウドコンピューティングは環境に優しいと見なすことができる。

疑いなく、クラウドコンピューティングは、IT世界の機能の仕方に革命をもたらしている。あらゆる部門にまたがるあらゆる規模の企業と組織がその利点に引きつけられている一方、インターネットの進化の新たな段階がすでに始まっていることは、はっきりしている。

16. 記事は、主に何についてですか。

    (A) オンライン上でデータにアクセスし、データを配信する方法

    (B) 大量のデータを保存できるコンピューター

    (C) コンピューターシステムを攻撃に対して安全にする方法

    (D) 公開される予定の写真と動画の共有用アプリケーション

17. 48.3%の調査回答者は、クラウドコンピューティングをどのように思っていましたか。

    (A) 主な利点は、より低いインフラのコストである。

    (B) その重要な機能は、より迅速に注文に対応することを可能にする。

    (C) 外国の企業と共に仕事をする際に欠かせない。

    (D) 顧客とのコミュニケーションをより容易にする。

18. 筆者は、クラウドコンピューティングについて何を示唆していますか。

(A) IT企業の規模縮小と閉鎖につながった。

(B) それに伴うリスクにもかかわらず、多くの企業に利用されている。

(C) 世界中のいくつかの国では、まだ実践されていない。

(D) いずれガスや電気のような規制された公益事業になる。

19. 記事によると、クラウドコンピューティングは実業界にどのような影響を与えましたか。

(A) 企業は、インターネットセキュリティーにより多くの費用をかけている。

(B) ウェブサイトデザインは、より儲かるようになってきている。

(C) プレゼンテーションは、ますますインターネット経由で行われている。

(D) 情報技術に関連する職が増えた。

20. 筆者が確信していることは何ですか。

(A) クラウドコンピューティングは、ビジネスをする上での必要条件になる。

(B) サービスプロバイダーは、クライアントの要望を満たすことができない。

(C) オンラインデータストレージを信頼する企業は、ますます減る。

(D) インターネットの進化は、新しいレベルに達した。

5

Questions 21–25 refer to the following article. ◀ 05

New York Pizza Versus Chicago Pizza

American pizza generally falls under two categories: the thin New York style and the thick, cheesy kind in Chicago. Some may ask which one is preferred in Italy, and the answer is neither. In fact, Italians also divide pizza into two categories: pizza made in Italy and pizza made everywhere else.

Pizza owes its existence to Italy as well as many other countries. In its basic form, it is a type of flatbread made of flour and water, which was eaten long ago by the Greeks, Phoenicians, and Egyptians. Some people in Italy later topped a similar kind of flatbread with herbs and olive oil. Thanks to the water buffalo being introduced from India to Europe long ago, mozzarella could be added. Another important ingredient, the tomato, found its way onto Neapolitan pizzas in the 1700s and early 1800s. Pizza would soon enter the Americas, and there it would take two distinct routes.

Even though people in Italian-American neighborhoods of Chicago had already been making pizza for some time, it was New York that became the proud home of America's first pizzeria, Lombardi's, in 1905. At this establishment, a thin-crust pizza with a light spread of tomato sauce and cheese would become the New York-style pizza of today. It's doughy rather than crispy, and it's typically topped with pepperoni. Its thin crust is hand tossed and similar to the traditional Neapolitan-style pizza.

Chicago pizza, on the other hand, has a thick layer of dough that includes cornmeal and olive oil. The dough is placed in a deep pan and parbaked—a technique used to partially bake bread or dough before quickly chilling it, which gives the crust a spongy texture. The crust is covered with cheese, meat, and vegetables such as Italian sausage, mushrooms, and red onion. A thick spread of tomato sauce is then added, which is topped with cheese for an additional layer of flavor before cooking. As you can imagine, this pizza can be quite thick, so a knife and fork are recommended when eating it.

21. What is the main purpose of the article?

    (A) To convince readers that one pizza style is better than another

    (B) To describe pizza preferences in Italy over hundreds of years

    (C) To compare different types of pizza in two American cities

    (D) To provide information about some new pizzerias in the U.S.

22. What is implied about the development of pizza?

    (A) Indians ate cheese-covered flatbread before Europeans.

    (B) Greek pizzas were once the same as Neapolitan pizzas.

    (C) Italians were the first to top flatbread with olive oil.

    (D) Americans did not initially like Chicago-style pizza.

23. How is New York-style pizza different from Chicago-style pizza?

    (A) It is prepared with a parbaked crust.

    (B) It is baked in a wood-burning oven.

    (C) It is made with less tomato sauce.

    (D) It is served in a deep, round pan.

24. According to the article, what is true about Chicago-style pizza?

(A) It was first made in Naples.
(B) It has two layers of cheese.
(C) It is tossed up into the air.
(D) It is currently popular in Italy.

25. What advice is given in the article?

(A) Cutlery should be used when eating a type of American pizza.
(B) Pizza dough should always include some cornmeal and olive oil.
(C) Chicago-style pizza should be ordered with a pepperoni topping.
(D) Pizza lovers should visit a famous restaurant named Lombardi's.

この記事には、New York Pizza Versus Chicago Pizza（ニューヨークピザ対シカゴピザ）というタイトルが付いていて、本文でニューヨークピザとシカゴピザの違いを説明している。よって、(C) To compare different types of pizza in two American cities（アメリカの2都市の異なる種類のピザを比較すること）が正解。

このように、記事のタイトルが正解のヒントになることもあります。

ピザの発展に関する記述は第2段落にある。同段落で、大昔にギリシャ人やフェニキア人、エジプト人がピザの元になったフラットブレッドを食べていたことが述べられて、Some people in Italy later topped a similar kind of flatbread with herbs and olive oil.（後にイタリアで一部の人々が似たような種類のフラットブレッドにハーブとオリーブオイルを乗せた）と続く。ここからフラットブレッドにハーブとオリーブオイルを乗せる食べ方は、イタリア人が始めたものだと推測できる。よって、(C) Italians were the first to top flatbread with olive oil.（イタリア人が最初にオリーブオイルをフラットブレッドに乗せた）が正解。

implied（示唆されている）の問題は、本文の内容から推測できる選択肢を選びます。この問題でも記事には、「フラットブレッドにオリーブオイルを使ったのはイタリア人が最初である」とは書かれていませんが、本文の内容に基づいて考えるとそういうことになります。

23.　正解 (C)

ニューヨークスタイルピザについては、第3段落に、a thin-crust pizza with a light spread of tomato sauce and cheese would become the New York-style pizza of today（トマトソースとチーズを軽く伸ばした薄いクラストのピザが、今日のニューヨークスタイルピザとなる）とある。ここから、ニューヨークスタイルピザにはトマトソースが薄く塗られていることがわかる。シカゴスタイルピザについては、最終段落に、A thick spread of tomato sauce is then added（それにトマトソースが厚く塗られる）とある。ここから、シカゴスタイルピザにはトマトソースが厚く塗られていることがわかる。よって、(C) It is made with less tomato sauce.（より少ないトマトソースで作られる）が正解。

😀 ちりばめられた情報を関連付けて解く問題です。トマトソースが鍵になっています。

24.　正解 (B)

シカゴスタイルピザについて説明している最終段落に、The crust is covered with cheese, meat, and vegetables such as Italian sausage, mushrooms, and red onion. A thick spread of tomato sauce is then added, which is topped with cheese for an additional layer of flavor before cooking.（クラストはチーズと、イタリアンソーセージやマッシュルーム、赤タマネギなどの肉や野菜で覆われる。それにトマトソースが厚く塗られ、調理前に追加の味の層としてチーズも乗せられる）とある。まず、クラストにチーズを乗せ、様々な具材を乗せた後、最後にまたチーズを乗せるとい

うことなので、(B) It has two layers of cheese. (2層のチーズが入っている) が正解。

最終段落の終わりに、As you can imagine, this pizza can be quite thick, so a knife and fork are recommended when eating it. (想像がつくように、このピザはかなり厚くなるので、食べるときにはナイフとフォークが推奨される) とある。よって、(A) Cutlery should be used when eating a type of American pizza. (ある種類のアメリカのピザを食べる際は、食卓用金物を使うべきである) が正解。

 本文の recommended (推奨される) と設問の advice (アドバイス) が対応しています。また cutlery は、ナイフやフォークなどの食卓に並ぶ金属製の食器類を指します。よって、knife and fork の言い換えになります。

- **A versus B**　A 対 B
- **generally**　副 通常
- **category**　名 分類
- **fall under ～ category**　～の分類に入る
- **thin**　形 薄い
- **thick**　形 厚い
- **cheesy**　形 チーズが効いた、チーズ味の強い
- **prefer**　動 好む
- **neither**　代 どちらでもない
- **in fact**　実際
- **divide**　動 分ける
- **else**　副 その他に
- **owe**　動 負う
- **existence**　名 存在
- **basic form**　基本形
- **flatbread**　名 フラットブレッド（平たい円形のパン）
- **flour**　名 小麦
- **long ago**　大昔に、はるか以前に
- **Greek**　名 ギリシャ人
- **Phoenician**　名 フェニキア人（紀元前15世紀頃から紀元前8世紀頃に地中海の東側、現在のレバノン周辺に住んでいた）
- **Egyptian**　名 エジプト人
- **top**　動 上に乗せる
- **thanks to ～**　～のおかげで
- **water buffalo**　水牛
- **introduce**　動 導入する
- **ingredient**　名 原材料
- **Neapolitan**　形 ナポリの
- **soon**　副 やがて

- □ **enter** 動 入る
- □ **distinct** 形 はっきり異なる
- □ **route** 名 道
- □ **even though 〜** 〜であるが
- □ **neighborhood** 名 地区
- □ **proud** 形 誇り高き
- □ **home of 〜** 〜の発祥地
- □ **pizzeria** 名 ピザ専門店
- □ **establishment** 名 設立物（記事中ではピザ店を指す）
- □ **crust** 名 クラスト（ピザの生地部分）
- □ **spread** 名 （パンなどに）塗るようにして乗せる物、スプレッド
- □ **doughy** 形 やわらかい
- □ **rather than 〜** 〜というよりはむしろ
- □ **crispy** 形 パリッとした 同 crisp
- □ **typically** 副 通常
- □ **pepperoni** 名 ペパロニ（サラミに似たアメリカのソーセージ）
- □ **toss** 動 軽く投げ上げる
- □ **hand toss** （ピザ生地を伸ばすため）手で軽く投げ上げる
- □ **similar to 〜** 〜に似ている
- □ **traditional** 形 伝統的な
- □ **on the other hand** 一方
- □ **layer** 名 層
- □ **dough** 名 生地
- □ **include** 動 含む 反 exclude 除く
- □ **cornmeal** 名 コーンミール（トウモロコシのひき割り粉）
- □ **place** 動 置く
- □ **pan** 名 オーブン皿、（ピザやケーキなどを焼く）焼き型
- □ **partially** 副 不十分に

- □ **chill** 動 冷やす
- □ **spongy** 形 スポンジのような
- □ **texture** 名 質感
- □ **be covered with ～** ～で覆われている
- □ **additional** 形 追加の 同 extra
- □ **flavor** 名 味
- □ **recommend** 動 推奨する
- □ **convince** 動 納得させる
- □ **describe** 動 述べる
- □ **preference** 名 好み
- □ **compare** 動 比べる
- □ **provide** 動 提供する
- □ **imply** 動 示唆する
- □ **development** 名 発展
- □ **once** 副 かつて
- □ **initially** 副 初めは
- □ **prepare** 動 (料理を) 作る
- □ **wood-burning** 形 薪を燃やす
- □ **serve** 動 (飲食物を) 出す
- □ **currently** 副 現在
- □ **popular** 形 人気がある
- □ **cutlery** 名 (ナイフやフォークなどの) 食卓用金物

訳

問題21〜25は次の記事に関するものです。

ニューヨークピザ対シカゴピザ

アメリカのピザは、通常2つの分類に入る。薄いニューヨークスタイルとシカゴの厚くてチーズが効いた種類である。イタリアで好まれるのはどちらかと尋ねる人もいるかもしれないが、答えはどちらでもない。実はイタリア人もピザを2つの種類に分けている。イタリアで作られたピザとそれ以外の場所で作られたピザである。

ピザは、その存在をイタリアにもその他の多くの国にも負っている。その基本形において、ピザは大昔にギリシャ人やフェニキア人、エジプト人によって食されていた、小麦粉と水でできたフラットブレッドの一種である。後にイタリアで一部の人々が似たような種類のフラットブレッドにハーブとオリーブオイルを乗せた。はるか以前に水牛がインドからヨーロッパに導入されていたおかげで、モッツァレラを加えることもできた。もう1つの重要な食材であるトマトは、1700年代と1800年代の初期にナポリのピザに乗るようになった。ピザはやがてアメリカ大陸に入り、そこで2つのはっきり異なる道を進むことになる。

シカゴのイタリア系アメリカ人地区の人々は、もうすでに一定期間ピザを作っていたが、1905年にアメリカで最初のピザ専門店Lombardi'sの誇り高き発祥地となったのは、ニューヨークであった。この店で、トマトソースとチーズを軽く伸ばした薄いクラストのピザが、今日のニューヨークスタイルピザとなる。それはパリッとしているというよりは、むしろやわらかく、そして通常ペパロニが乗っている。その薄いクラストは手で投げ伸ばされており、伝統的なナポリスタイルのピザに似ている。

一方シカゴピザは、コーンミールとオリーブオイルが入った厚

い層の生地を持つ。生地は深いオーブン皿に入れられ、パーベイクされる。これはパンや生地を急冷する前に不十分に焼く技法で、クラストにスポンジのような質感を与える。クラストはチーズと、イタリアンソーセージやマッシュルーム、赤タマネギなどの肉や野菜で覆われる。それにトマトソースが厚く塗られ、調理前に追加の味の層としてチーズも乗せられる。想像がつくように、このピザはかなり厚くなるので、食べるときにはナイフとフォークが推奨される。

21. 記事の主な目的は何ですか。

(A) あるピザのスタイルが別のものより良いことを読者に納得させること
(B) イタリア人の数百年に渡るピザの好みを説明すること
(C) アメリカの2都市の異なる種類のピザを比較すること
(D) アメリカの新しいピザ専門店に関する情報を提供すること

22. ピザの発展について何が示唆されていますか。

(A) インド人は、ヨーロッパ人より前にチーズに覆われたフラットブレッドを食べていた。
(B) ギリシャのピザは、かつてナポリのピザと同じだった。
(C) イタリア人が最初にオリーブオイルをフラットブレッドに乗せた。
(D) アメリカ人は、初めはシカゴスタイルピザを好まなかった。

23. ニューヨークスタイルピザは、シカゴスタイルピザとどのように異なりますか。

(A) パーベイクされたクラストを使って作られる。
(B) 薪を燃やすオーブンで焼かれる。
(C) より少ないトマトソースで作られる。
(D) 深くて丸いオーブン皿で出される。

24. 記事によると、シカゴスタイルのピザについて正しいことは何ですか。

    (A) ナポリで最初につくられた。
    (B) 2層のチーズが入っている。
    (C) 空中に投げ上げられる。
    (D) 現在、イタリアで人気がある。

25. 記事ではどんなアドバイスがされていますか。

    (A) ある種類のアメリカのピザを食べる際は、食卓用金物を使うべきである。
    (B) ピザ生地には常にコーンミールとオリーブオイルが含まれるべきである。
    (C) シカゴスタイルピザは、ペパロニのトッピングを付けて注文するべきである。
    (D) ピザ愛好家は、Lombardi'sという名の有名レストランを訪れるべきである。

JOURNEY TO EARTH'S LAST CONTINENT

Are you passionate about adventure and willing to travel far to find it? If your answer is yes, then Antarctica might be just the place for you. Home to the South Pole and known as the last great frontier, this cold land is almost entirely covered with an ice sheet that is kilometers thick in places. It is also the driest, coldest, and windiest desert on the planet. Not surprisingly, only a few thousand people, most of whom are researchers, live there for parts of the year. And although it has no permanent residents, some hardy plants and animals put up with its harsh conditions, including species of penguins and other birds, seals, and whales.

Because its extreme climate is so unwelcoming to humans, Antarctica remains pretty much untouched by mankind. This appeals to adventure seekers who prefer to get off the beaten path of commercialized tourism and go someplace far away and different from anywhere else. In addition to taking in its breathtaking landscapes, many travelers go to watch whales and observe the other incredible wildlife that survives there.

Any sightseeing trip to Antarctica must be taken during the continent's warmest months between November and March, its only tourist season. Getting there is never easy. First, you have to go to Argentina, Chile, South Africa, Australia, or New Zealand and then board a flight or cruise ship. Both transportation options can be quite expensive and, due to continuous high demand, booking either can be a challenge in itself. For a cruise, $4,000 is considered a bargain; expect to pay more if you prefer airplanes to boats. Hiking, iceberg climbing, and sea kayaking can also be arranged, all available at an extra cost but worth the money if you want to fully experience this incredible land of ice and solitude.

If none of these highlights interests you, the continent's annual 100-kilometer Ice Marathon might. For a run on the ice, head to Punta Arenas, Chile, from which you will then be flown to the location of the race's starting line in Antarctica's interior. Registration for the marathon costs €9,900.

26. According to the article, what is Antarctica sometimes called?

(A) The ice-covered continent
(B) Earth's final destination
(C) The last great frontier
(D) South of everywhere

27. What type of person does the article suggest would be interested in going to Antarctica?

(A) Researchers studying deep ocean currents
(B) Travelers interested in unconventional holidays
(C) Vacationers who want to save money on travel
(D) Business people who are looking for new markets

28. According to the article, during which month can travelers visit Antarctica?

(A) April
(B) August
(C) September
(D) December

29. What is implied about transportation?

    (A) Boats to Antarctica depart only from Argentina and Chile.

    (B) Snowmobiles can be rented for trips to the South Pole.

    (C) Flights to Antarctica are regularly booked to capacity.

    (D) Taking a cruise to Antarctica costs more than flying there.

30. What activity is NOT mentioned in the article?

    (A) Sea kayaking

    (B) Watching whales

    (C) Cross-country skiing

    (D) Running in a marathon

第1段落に、Antarctica might be just the place for you. Home to the South Pole and known as the last great frontier, this cold land is（南極大陸はあなたにとって、まさにぴったりの場所かもしれない。南極点があり、最後の大未開拓地として知られているこの寒冷の地は）とある。ここから、南極大陸が(C) The last great frontier（最後の大未開拓地）と呼ばれているとわかる。

frontierには、「国境、辺境、未開拓分野、最先端領域」などの意味もあります。frontier spiritで「開拓者精神」です。

第2段落前半に、Antarctica remains pretty much untouched by mankind. This appeals to adventure seekers who prefer to get off the beaten path of commercialized tourism and go someplace far away and different from anywhere else.（南極大陸はほとんど人類によって触れられていないままになっている。このことが、商業化された観光旅行の常道から外れて、どこか遠くにある他の場所とは違ったところへ行くことを好む冒険探求者の興味を引いている）とある。よって、(B) Travelers interested in unconventional holidays（型破りな休暇に興味がある旅行者）が正解。

prefer to get off the beaten path of commercialized tourism（商業化された観光旅行の常道から外れることを好む）ということは、interested in unconventional holidays（型破りな休暇に興味がある）ということになります。unconventionalは、conventional（型にはまった）の反意語で、振る舞いや考え方が「型破りな」という意味です。

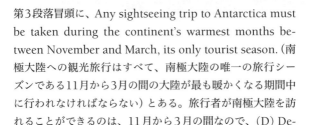

28. 正解 (D)

第3段落冒頭に、Any sightseeing trip to Antarctica must be taken during the continent's warmest months between November and March, its only tourist season.（南極大陸への観光旅行はすべて、南極大陸の唯一の旅行シーズンである11月から3月の間の大陸が最も暖かくなる期間中に行われなければならない）とある。旅行者が南極大陸を訪れることができるのは、11月から3月の間なので、(D) December（12月）が正解。

🙂 旅行シーズンに関する情報をピンポイントで探せばよいので、答えが見つけやすかったと思います。

29. 正解 (C)

第3段落中盤に、board a flight or cruise ship. Both transportation options can be quite expensive and, due to continuous high demand, booking either can be a challenge in itself.（飛行機かクルーズ船に乗らなければならない。どちらの移動手段もかなり高額で、継続的な高い需要により、いずれも予約自体が難しい）とある。飛行機とクルーズ船のどちらも常に高い需要があり、予約が難しいということは、常に予約で満席であると推測できる。よって、(C)

Flights to Antarctica are regularly booked to capacity. (南極大陸への飛行機は、通常予約で満席になる) が正解。

 be booked to capacity (予約で満席になる) と合わせて、be filled to capacity (満員になる) も重要表現です。合わせて覚えましょう。

30. 正解 (C)

(C) Cross-country skiing (クロスカントリースキー) は記事中に出てこないので、これが正解。(A)は第3段落後半のHiking, iceberg climbing, and sea kayaking can also be arranged (ハイキング、氷山クライミングとシーカヤックも手配可能である)、(B) は第2段落終わりのmany travelers go to watch whales and observe the other incredible wildlife that survives there (多くの旅行者はクジラを見に行ったり、そこで生き延びている他の素晴らしい野生生物を観察したりする)、(D)は最終段落のthe continent's annual 100-kilometer Ice Marathon might (この大陸で毎年行われる100キロメートルのIce Marathonがいいかもしれない) にそれぞれ対応している。

 NOT問題は、選択肢を1つずつ本文に照らし合わせて解くので、通常時間がかかりますが、この問題では選択肢が文ではなく、活動を表す短いフレーズだったので、比較的解くのに時間がかからなかったかもしれません。

- □ **journey** 名 旅
- □ **continent** 名 大陸
- □ **passionate** 形 情熱的である
- □ **adventure** 名 冒険
- □ **willing to** 〜 〜する気がある
- □ **travel** 動 旅する
- □ **far** 副 遠くまで
- □ **Antarctica** 名 南極大陸
- □ **just the place for** 〜 〜にぴったりの場所
- □ **home to** 〜 〜がある
- □ **the South Pole** 南極点
- □ **frontier** 名 未開拓地
- □ **entirely** 副 全体に
- □ **be covered with** 〜 〜に覆われている
- □ **ice sheet** 氷床
- □ **thick** 形 厚い 反 thin 薄い
- □ **in places** 所々に
- □ **windy** 形 風が強い
- □ **desert** 名 砂漠 注：「砂漠」は、「年間降雨量が250ミリ メートル以下、または降雨量より蒸発量が多い地域」と定 義され、南極は世界最大の砂漠である
- □ **not surprisingly** 当然ながら
- □ **researcher** 名 研究者
- □ **permanent** 形 恒久的な 反 temporary 一時的の
- □ **resident** 名 住人
- □ **permanent resident** 永住者
- □ **hardy** 形 耐寒性のある
- □ **put up with** 〜 〜に耐える
- □ **harsh** 形 厳しい
- □ **condition** 名 状況

- □ **including** 前 〜を含む
- □ **species** 名 (生物分類上の) 種
- □ **extreme** 形 極端な
- □ **climate** 名 気候
- □ **unwelcoming** 形 (人を) 歓迎しない
- □ **remain** 動 〜のままである
- □ **untouched** 形 触れられていない
- □ **mankind** 名 人類
- □ **appeal to 〜** 〜の興味を引く
- □ **seeker** 名 探究者
- □ **prefer** 動 好む
- □ **prefer to 〜** 〜するのを好む
- □ **get off the beaten path** 常道から外れる
- □ **commercialized** 形 商業化された
- □ **tourism** 名 観光旅行
- □ **far away** 遠く離れた
- □ **in addition to 〜** 〜に加えて
- □ **take in 〜** 〜に見入る
- □ **breathtaking** 形 息を飲むような
- □ **landscape** 名 景観
- □ **observe** 動 観察する
- □ **incredible** 形 素晴らしい
- □ **wildlife** 名 野生生物
- □ **survive** 動 生き延びる
- □ **sightseeing** 名 観光
- □ **board** 動 乗り込む
- □ **transportation option** 移動手段
- □ **expensive** 形 高価な
- □ **due to 〜** 〜により
- □ **continuous** 形 継続的な
- □ **demand** 名 需要

- □ **booking** 名 予約 同 reservation
- □ **challenge** 名 難しいこと
- □ **consider** 動 考える
- □ **bargain** 名 格安品
- □ **expect** 動 見込む
- □ **iceberg** 名 氷山
- □ **arrange** 動 手配する
- □ **available** 形 利用可能な
- □ **extra** 形 追加の 同 additional
- □ **worth** 形 価値がある
- □ **worth the money** 金額に見合う価値がある
- □ **fully** 副 完全に
- □ **experience** 動 経験する
- □ **solitude** 名 孤独
- □ **highlight** 名 見どころ
- □ **interest** 動 興味を引く
- □ **annual** 形 年次の
- □ **location** 名 場所
- □ **interior** 名 内側 反 exterior 外側
- □ **registration** 名 登録
- □ **cost** 動 費用がかかる（過去形・過去分詞もcost）
- □ **destination** 名 目的地
- □ **suggest** 動 示唆する
- □ **deep ocean current** 深海流
- □ **unconventional** 形 型破りな
- □ **vacationer** 名 行楽者
- □ **business people** 実業家
- □ **imply** 動 示唆する
- □ **depart** 動 出る、出発する
- □ **rent** 動 賃借する
- □ **activity** 名 活動

問題26〜30は次の記事に関するものです。

地球の最後の大陸への旅

あなたは冒険に対して情熱的で、それを見つけるために遠くまで旅する気があるだろうか。もし答えが「はい」なら、南極大陸はあなたにとって、まさにぴったりの場所かもしれない。南極点があり、最後の大未開拓地として知られているこの寒冷の地は、所々厚さが数キロメートルにもなる氷床に、ほぼ全体が覆われている。そこは、この惑星で最も乾燥し、最も寒く、最も風の強い砂漠でもある。当然ながら、そのほとんどが研究者であるわずか数千人のみが1年のうちのある期間だけそこに住んでいる。そして、永住者はいないものの、ペンギンやその他の鳥類の種、アザラシやクジラなどを含む耐寒性のある動植物が厳しい状況に耐えている。

極端な気候が人間にとってまったく歓迎的ではないため、南極大陸はほとんど人類によって触れられていないままになっている。このことが、商業化された観光旅行の常道から外れて、どこか遠くにある他の場所とは違ったところへ行くことを好む冒険探求者の興味を引いている。その息を飲むような景観に見入ることに加え、多くの旅行者はクジラを見に行ったり、そこで生き延びている他の素晴らしい野生生物を観察したりする。

南極大陸への観光旅行はすべて、南極大陸の唯一の旅行シーズンである、11月から3月の間の大陸が最も暖かくなる期間中に行われなければならない。そこにたどり着くことは決して簡単ではない。まずアルゼンチン、チリ、南アフリカ、オーストラリア、またはニュージーランドに行ってから、飛行機かクルーズ船に乗らなければならない。どちらの移動手段もかなり高額で、継続的な高い需要により、いずれも予約自体が難しい。クルーズ船の場合、4,000ドルは格安と考えられる。もし船より飛行機を好

むなら、さらなる出費を見込んでおいたほうがいい。ハイキング、氷山クライミングとシーカヤックも手配可能である。すべて追加費用がかかるが、この素晴らしい氷と孤独の地を存分に味わいたいのなら、金額に見合う価値はある。

もしこれらの見どころのどれもあなたの興味を引かないなら、この大陸で毎年行われる100キロメートルのIce Marathonがいいかもしれない。氷の上を走るためには、レースの前にチリのPunta Arenasへ出向き、それから飛行機で南極大陸の内陸のスタート地点へ行く。このマラソンの登録には、9,900ユーロかかる。

26. 記事によると、南極大陸は何と呼ばれることがありますか。

    (A) 氷で覆われた大陸
    (B) 地球の最後の目的地
    (C) 最後の大未開拓地
    (D) あらゆる場所の南

27. 記事は、どんなタイプの人が南極大陸へ行くことに興味を持つと示唆していますか。

    (A) 深海流を調査している研究者
    (B) 型破りな休暇に興味がある旅行者
    (C) 旅費を節約したい行楽客
    (D) 新たな市場を探している実業家

28. 記事によると、どの月の間に旅行者は南極大陸を訪れることができますか。

    (A) 4月
    (B) 8月
    (C) 9月
    (D) 12月

29. 交通手段に関して、何が示唆されていますか。

(A) 南極大陸への船は、アルゼンチンとチリからのみ出ている。

(B) スノーモービルは、南極点への旅行のために賃借できる。

(C) 南極大陸への飛行機は、通常予約で満席になる。

(D) 南極大陸へクルーズ船で行くのは、飛行機で行くより費用がかかる。

30. 記事で述べられていない活動はどれですか。

(A) シーカヤック

(B) ホエールウオッチング

(C) クロスカントリースキー

(D) マラソン競走

Questions 31–35 refer to the following article. ◀ 07

A Brief History of Hollywood

Hollywood, California, has long been the home of movie stars, renowned directors, and blockbusters. The famous Beverly Hills and Sunset Strip are nearby, and as said many times before, "the streets are paved with dreams." But why there and not, say, someplace in Florida or Nebraska?

Located in the foothills of the Santa Monica Mountains, the land where Hollywood now stands was once home to Native Americans. By the late 1700s, not long after Spanish explorers arrived in the region, they had been relocated to Christian missions.

Around a century later, the area was a thriving agricultural community, with crops ranging from grain to pineapples. During the 1880s, a man named H. H. Wilcox bought property that includes what is now known as Wilshire's Miracle Mile. His wife named the area "Hollywood." The now-famous La Brea Tar Pits, whose rich fossil deposits would attract curious scientists from around the world, is located in this tract of land. What Wilcox envisioned was a flourishing community, so he began selling pieces of the land to wealthy northerners who were looking to build homes where they could spend winters.

Before long, large houses, churches, schools, and a library all helped to characterize Hollywood as an affluent community. It was designated as an official city in 1903, but its independence was short-lived. Due to water shortages, the city of Hollywood was in 1910 forced to become a district of Los Angeles, which had enough water to share.

Hollywood's first film studio came to town just one year later, opened by the Nestor Company in what had been a struggling tavern. Soon, directors such as Cecil B. DeMille and D. W. Griffith came to make their movies, attracted to the area's open spaces and favorable weather. Thereafter, Hollywood became a boomtown, with movie theaters, banks, and fancy restaurants catering to the area's fast-growing film industry and its stars.

Today, Hollywood is a diverse community with many historic buildings. While most stars these days prefer to live in Beverly Hills instead of Hollywood, a lot of studio work is still done in this one-of-a-kind town.

31. What is the main purpose of the article?

(A) To present a perspective on how a city should have been developed
(B) To explain the key turning points in the history of a renowned district
(C) To describe the accomplishments and failures of two entrepreneurs
(D) To resolve common misunderstandings about Hollywood, California

32. According to the article, who came up with Hollywood's name?

(A) The mayor of Los Angeles
(B) The spouse of Mr. Wilcox
(C) The natives of Santa Monica
(D) The producer of a famous movie

33. When was Hollywood's first film studio established?

(A) In 1880
(B) In 1903
(C) In 1910
(D) In 1911

34. What is NOT mentioned in the article?

(A) The name of a tavern that became a film studio

(B) The names of directors who worked in Hollywood

(C) The location of a site that draws many scientists

(D) The type of people who reside in Hollywood

35. According to the article, how is modern-day Hollywood different?

(A) It is independent after decades of being a part of Los Angeles.

(B) It is enforcing a number of laws to protect its historic buildings.

(C) It is not attracting as many tourists in the summer as it used to.

(D) It is no longer the most popular place for movie stars to reside.

この記事では、Hollywoodの歴史がまとめられており、この地区の発展における転機となった出来事について書かれている。よって、(B) To explain the key turning points in the history of a renowned district (ある有名な地区の歴史上の重要な転機を説明すること) が正解。

renowned (有名な) は重要語です。同じく「有名な」の意味を表す形容詞として、famous、well-known、celebrated、notedも覚えておきましょう。

第3段落に、During the 1880s, a man named H. H. Wilcox bought property that includes what is now known as Wilshire's Miracle Mile. His wife named the area "Hollywood." (1880年代に、H. H. Wilcoxという男性が、現在Wilshire's Miracle Mileとして知られる場所を含む土地を購入した。彼の妻がその地域を「Hollywood」と名付けた) とある。よって、(B) The spouse of Mr. Wilcox (Wilcoxさんの配偶者) が正解。

spouse (配偶者) は、wife (妻) とhusband (夫) のことです。ここでは、本文中のnamed the area "Hollywood" (その地域を「Hollywood」と名付けた) が、設問ではcame up with Hollywood's name (Hollywoodの名前を思いついた) に言い換えられています。

第4段落の最後に、Due to water shortages, the city of Hollywood was in 1910 forced to become a district of Los Angeles, which had enough water to share. (Hollywood市は1910年に、分けるのに十分な水があるLos Angelesの一地区にならざるを得なかった) とあり、第5段落冒頭に、Hollywood's first film studio came to town just one year later, opened by the Nestor Company in what had been a struggling tavern. (ちょうど1年後にHollywoodの最初の映画スタジオが街に現れた。それはNestor Companyにより、経営難の酒場だった場所に開かれた) とある。1910年にHollywoodがLos Angelesの一地区になり、その1年後に最初の映画スタジオが現れたということなので、(D) In 1911 (1911年) が正解。

 このように、複数箇所の情報を関連付けて解く問題も本試験で出題されます。

記事で述べられていないのは、(A) The name of a tavern that became a film studio (映画スタジオになった酒場の名前) である。(B) は、第5段落のdirectors such as Cecil B. DeMille and D. W. Griffith (Cecil B. DeMille や D. W. Griffithなどの映画監督)、(C)は第3段落のThe now-famous La Brea Tar Pits, whose rich fossil deposits would attract curious scientists from around the world (豊かな化石堆積層が世界中で興味を持つ科学者を引き付けている、今や有名なLa Brea Tar Pits)、(D) は第1段落冒頭のHollywood,

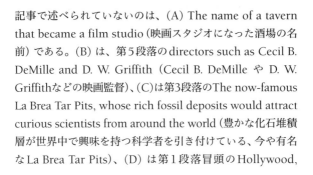

California, has long been the home of movie stars, renowned directors（CaliforniaのHollywoodは長い間、映画スターと著名な映画監督の居住地になっている）に対応している。

経営難の酒場だった場所に最初の映画スタジオができたということは書かれていますが、酒場の具体的な名前は挙げられていません。

35. 正解 (D)

最終段落に、While most stars these days prefer to live in Beverly Hills instead of Hollywood（今日のほとんどのスターがHollywoodの代わりにBeverly Hillsに住むのを好む一方で）とある。今日のスターの間では、HollywoodよりもBeverly Hillsの方が人気なので、(D) It is no longer the most popular place for movie stars to reside.（もはや映画スターが住むのに最も人気の場所ではない）が正解。

reside は「住む」という意味で、live の同義語です。resident（住民）、residential（居住の）、residence（住居、居住すること）などの派生語と一緒に覚えておきましょう。

- □ **brief** 形 簡潔な
- □ **brief history** 略史
- □ **long** 副 長い間
- □ **home** 名 居住地、生まれた場所
- □ **renowned** 形 有名な 同 famous, well-known
- □ **director** 名 映画監督
- □ **blockbuster** 名 (映画などの) 大ヒット作
- □ **nearby** 副 すぐ近くの
- □ **pave** 動 舗装する
- □ **say** 副 例えば 同 for example
- □ **someplace** 副 どこか 同 somewhere
- □ **located in ～** ～にある
- □ **foothill** 名 山のふもとの丘
- □ **stand** 動 ある (過去形・過去分詞は stood)
- □ **Native American** アメリカ先住民
- □ **explorer** 名 探検者
- □ **region** 名 地域
- □ **relocate** 動 移住させる
- □ **Christian missions** キリスト教伝道拠点 (別称 Spanish missions in California、18～19世紀にスペインのカトリック教会が現在のカリフォルニア州での宣教活動のために建てた伝道所などを含む施設)
- □ **thrive** 動 繁栄する
- □ **agricultural** 形 農業の
- □ **community** 名 地域
- □ **crop** 名 作物
- □ **range** 動 及ぶ
- □ **grain** 名 穀物
- □ **property** 名 土地
- □ **include** 動 含む 反 exclude 除く

□ **name** 動 名付ける

□ **now-famous** 形 今や有名な

□ **fossil** 名 化石

□ **deposit** 名 埋蔵物、堆積物

□ **fossil deposit** 化石堆積層

□ **attract** 動 引き付ける 同 draw

□ **tract** 名 (土地の) 大きな広がり

□ **tract of land** 一区画の土地

□ **envision** 動 思い描く、想像する

□ **flourish** 動 繁栄する

□ **piece of ～** ～の一部分

□ **wealthy** 形 裕福な 同 rich, affluent

□ **northerner** 名 北部の人

□ **look to ～** ～しようとする

□ **before long** 間もなく

□ **characterize** 動 特徴付ける

□ **affluent** 形 裕福な 同 rich, wealthy

□ **designate** 動 指定する

□ **independence** 名 独立

□ **short-lived** 形 短命の

□ **due to ～** ～のため

□ **shortage** 名 不足

□ **be forced to ～** ～せざるを得ない

□ **district** 名 地区

□ **enough** 形 十分な

□ **share** 動 分ける、共有する

□ **come to town** 街に現れる

□ **struggling** 形 経営難の

□ **tavern** 名 酒場

□ **favorable** 形 好ましい

□ **thereafter** 副 その後、それ以来

- □ **boomtown** 名 新興都市
- □ **fancy** 形 高級な
- □ **cater to ~** （店などが）～を対象にする
- □ **fast-growing** 形 急成長している
- □ **diverse** 形 多様な
- □ **historic building** 歴史的建造物
- □ **while** 接 ～の一方で
- □ **prefer to ~** ～するのを好む
- □ **one-of-a-kind** 形 比類のない、唯一の
- □ **present** 動 示す
- □ **perspective** 名 見解、見方
- □ **develop** 動 開発する
- □ **key** 形 重要な
- □ **turning point** 転機
- □ **describe** 動 説明する 同 explain
- □ **accomplishment** 名 功績
- □ **failure** 名 失敗
- □ **entrepreneur** 名 企業家
- □ **resolve** 動 解消する、解決する 同 solve
- □ **common** 形 よくある
- □ **misunderstanding** 名 誤解
- □ **come up with ~** ～を思いつく
- □ **mayor** 名 市長 類 governor 知事
- □ **spouse** 名 配偶者
- □ **native of ~** ～生まれの人、～出身者
- □ **establish** 動 設立する
- □ **site** 名 現場
- □ **draw** 動 引き付ける（過去形はdrew、過去分詞は drawn） 同 attract
- □ **reside** 動 住む 同 live
- □ **enforce** 動 実施する

□ **a number of ～**　多くの～
□ **protect**　**動** 守る
□ **no longer ～**　もはや～ない

訳

問題31～35は次の記事に関するものです。

Hollywood 略史

California の Hollywood は長い間、映画スターと著名な映画監督の居住地で、大ヒット作が生まれた場所になっている。有名な Beverly Hills と Sunset Strip がすぐ近くにあり、これまでに何度も言われているように「通りは夢で舗装されている」。しかしなぜそこなのか、そしてなぜ違う場所、例えば Florida や Nebraska のどこかでなかったのだろうか。

Santa Monica Mountains のふもとの丘に位置する、Hollywood が現在ある土地は、かつてアメリカ先住民の居住地であった。スペインの探検隊がその地域に入ってそれほど経っていない1700年代後半までに、彼らはキリスト教伝道拠点に移住させられた。

およそ1世紀後、この地域は、穀物からパイナップルまでを作物とする繁栄する農業地域であった。1880年代に、H. H. Wilcox という男性が、現在 Wilshire's Miracle Mile として知られる場所を含む土地を購入した。彼の妻がその地域を「Hollywood」と名付けた。豊かな化石堆積層が世界中で興味を持つ科学者を引き付けている、今や有名な La Brea Tar Pits は、この一区画の土地に位置している。Wilcox が思い描いていたのは、繁栄する地域だったので、彼はその土地を区分ごとに、冬を過ごす家を建てようとしていた裕福な北部の人たちに売り始めた。

間もなく、大きな住宅、教会、学校、図書館のすべてが、Hollywoodを豊かな地域として特徴付けるのを助けた。1903年に正式な市に指定されたが、独立は短命であった。水不足のため、Hollywood市は1910年に、分けるのに十分な水があるLos Angelesの一地区にならざるを得なかった。

ちょうど1年後にHollywoodの最初の映画スタジオが街に現れた。それはNestor Companyにより、経営難の酒場だった場所に開かれた。すぐに、Cecil B. DeMilleやD. W. Griffithなどの映画監督が、その地域の開けた土地と好ましい天候に引き付けられ、映画を製作するために来た。その後、Hollywoodは、その地域で急成長している映画業界とスターを対象にした映画館、銀行、高級レストランにより、新興都市となった。

今日、Hollywoodは多くの歴史的建造物のある多様性のある地域である。今日のほとんどのスターがHollywoodの代わりにBeverly Hillsに住むのを好む一方で、多くのスタジオの仕事は今もなお、この比類なき歴史的な街で行われている。

31. 記事の主な目的は、何ですか。

    (A) ある都市がどのように開発されるべきだったかについての見解を示すこと

    (B) ある有名な地区の歴史上の重要な転機を説明すること

    (C) 2人の起業家の功績と失敗を説明すること

    (D) CaliforniaのHollywoodについてのよくある誤解を解消すること

32. 記事によると、Hollywoodの名前を思いついたのは誰ですか。

    (A) Los Angelesの市長

    (B) Wilcoxさんの配偶者

    (C) Santa Monica生まれの人たち

    (D) 有名な映画のプロデューサー

33. Hollywoodの最初の映画スタジオが設立されたのはいつですか。

(A) 1880年
(B) 1903年
(C) 1910年
(D) 1911年

34. 記事で述べられていないのは、何ですか。

(A) 映画スタジオになった酒場の名前
(B) Hollywoodで仕事をした監督の名前
(C) 多くの科学者を引き付ける現場のある場所
(D) Hollywoodに住む人々のタイプ

35. 記事によると、現代のHollywoodはどう異なりますか。

(A) 数十年間、Los Angelesの一部であった後、現在は独立している。
(B) 歴史的建造物を守るため、多くの法律を実施している。
(C) かつてほど、夏季に多くの観光客を引き付けていない。
(D) もはや映画スターが住むのに最も人気の場所ではない。

COUNTRY OF ORIGIN LABELING

Country of Origin Labeling (COOL) is a U.S. law that requires retailers such as supermarkets to disclose to their customers the source of certain food products. These generally fall under the category of perishables from foreign countries. Processed foods, on the other hand, are excluded since they have undergone some form of processing, such as grilling, steaming, or curing. — [1] —. Yet even these may eventually be subject to the law, as consumers increasingly want to know about the origins of what they eat.

The labeling of food is nothing new. In fact, archaeological evidence indicates that products made 4,000 years ago were marked to show where they had been produced, likely as an indicator of high quality and to beat out other, perhaps inferior, brands. These marks were small seals, carved out of stone or clay, bearing impressed images as well as text, which might have read something like "Jericho's Finest Oil."

In today's globalized world, it is common for products to be a combination of ingredients from various countries, sometimes brought together in yet another country from which none of the ingredients were sourced. — [2] —. Determining the country, or countries, of origin is therefore difficult and time consuming. This requires more work for those involved in sourcing, processing, and storage, which ultimately increases costs for manufacturers and consumers alike.

Fitting information onto the label of a small product is another challenge food makers and sellers must deal with. — [3] —. To overcome this hurdle, abbreviations are now permitted as long as consumers can easily understand what they mean. Most people would understand that "htchd" on a chicken label means *hatched* and that "slghtrd" means *slaughtered*, which, because the term carries a negative or violent connotation, is usually substituted with "hrvstd," meaning *harvested*.

Despite the many challenges facing food producers and sellers when it comes to COOL, it will probably be expanded in the future. — [4] —. While this is certainly a win for consumers, the food industry will have to continue adapting to a system that may not always work in its favor.

36. According to the article, what are businesses required by law to do?

(A) Store chilled food at eight degrees or below

(B) Warn people if products contain chemicals

(C) Recycle the food waste that they generate

(D) State where particular food products are from

37. According to the article, how were ancient products marked?

(A) By painting shapes associated with specific places

(B) By stamping meaningful images in wax

(C) By adding seals of stone or clay

(D) By engraving messages onto containers

38. What is NOT true about COOL?

(A) It is a law in the United States.

(B) It has resulted in increased costs.

(C) It currently covers processed foods.

(D) It applies to food products from overseas.

39. According to the article, why is the abbreviation "slghtrd" substituted with "hrvstd"?

(A) To avoid implying an act of violence
(B) To take up less space on packages and labels
(C) To comply with legal standards of certain countries
(D) To make it easier for people to understand

40. In which of the positions marked [1], [2], [3], and [4] does the following sentence best belong?

"Meanwhile, other nations and regions will develop similar laws."

(A) [1]
(B) [2]
(C) [3]
(D) [4]

第1段落冒頭に、Country of Origin Labeling (COOL) is a U.S. law that requires retailers such as supermarkets to disclose to their customers the source of certain food products. (原産国表示 (COOL) は、スーパーマーケットなどの小売業者が特定の食品の原産地を顧客に開示することを義務付ける米国の法律である) とある。食品の原産地を顧客に開示することが法律で義務付けられているということなので、(D) State where particular food products are from (特定の食品の原産地を明記する) が正解。

 第1段落の1文目は文の構造が少し複雑です。a U.S. law (米国の法律) の後ろのthat節がどんな米国の法律なのか説明しています。thatがa U.S. lawを受け、それに対応する動詞はrequire (義務付ける) で、require A to 〜 の形で「Aが〜することを義務付ける」の意味になります。「〜する」の部分にdisclose (開示する) が来ていて、disclose to A B (BをAに開示する) の形になっています。通常は、discloseの直後に目的語のBが来るのですが、Bにあたる部分が長いのでto Aに当たるto their customersが先に来ています。

古代の製品に関する記述は、第2段落にある。後半に、These marks were small seals, carved out of stone or clay, bearing impressed images as well as text (これらの表示は石や粘土から彫って作られた小さな印で、刻印された図案と文

字が入っている）とあるので、石や粘土に彫り込まれた印が付いていたことがわかる。よって、(C) By adding seals of stone or clay（石または粘土の印を付けることによって）が正解。

 一見するとadding（付ける）よりも、painting（描く）、stamping（刻印する）、engraving（彫る）の方が意味的に合いそうに感じられるかもしれません。響きの良さそうな表現が引っ掛けとなっています。

38. 正解 (C)

本文の内容に合わない選択肢を選ぶ。第1段落に、Processed foods, on the other hand, are excluded since they have undergone some form of processing, such as grilling, steaming, or curing.（一方、加工食品は、グリル、蒸し、塩漬けなど何らかの形の加工を受けているため除外されている）とある。加工食品は、COOLから除外されているので、(C) It currently covers processed foods.（現在、加工食品を対象としている）が正解。(A)は第1段落冒頭のCountry of Origin Labeling (COOL) is a U.S. law（原産国表示（COOL）は、米国の法律である）、(B)は第3段落後半のThis requires more work for those involved in sourcing, processing, and storage, which ultimately increases costs for manufacturers and consumers alike.（これは、調達、加工、保管に携わる人々により多くの作業を求めることになり、最終的に製造業者と消費者の双方にとってコストを増加させることになる）、(D)は第1段落のThese generally fall under the category of perishables from foreign countries.（こ

れらは一般的に外国からの生鮮食品のカテゴリーに該当する）に対応している。

正解の選択肢の情報が本文の内容と合致しないタイプのNOT問題だったので、比較的早く解けたのではないでしょうか。正解の選択肢の情報が本文中にないタイプのNOT問題は、解くのに時間がかかります。

39. 正解 (A)

略語については、第4段落で述べられている。後半に、Most people would understand that "htchd" on a chicken label means *hatched* and that "slghtrd" means *slaughtered*, which, because the term carries a negative or violent connotation, is usually substituted with "hrvstd," meaning *harvested*.（ほとんどの人は、鶏肉のラベルの「htchd」はhatched（孵化した）を意味し、「slghtrd」はslaughtered（食肉処理された、殺された）を意味するとわかる。slaughteredは否定的または暴力的な意味合いを持っているため、通常、harvested（収穫された）を意味する「hrvstd」に置き換えられる）とあるので、(A) To avoid implying an act of violence（暴力行為の暗示を避けるため）が正解。

略語の「slghtrd」と「hrvstd」は、斜体になっていて目立つので、該当箇所を見つけやすかったと思います。

挿入文は、Meanwhile, other nations and regions will develop similar laws.（その一方で、他の国や地域も同様の法律を策定するであろう）となっているので、この文の前には法律に関する記述が必要である。[4] の直前の文は、Despite the many challenges facing food producers and sellers when it comes to COOL, it will probably be expanded in the future.（COOL に関する食品生産者と販売者が直面する多くの課題にもかかわらず、将来的にはおそらく拡大される）なので、この位置に入れると、similar laws（同様の法律）が米国の法律である COOL と「同様の法律」という意味になり、上手くつながる。

 similar laws（同様の法律）がフックになっています。フックに気付くと早く答えが見つけられます。

- □ **origin** 名 起源
- □ **labeling** 名 表示、ラベル付け
- □ **law** 名 法律
- □ **require** 動 義務付ける
- □ **retailer** 名 小売業者
- □ **disclose** 動 開示する
- □ **customer** 名 顧客
- □ **source** 名 原産地、起源
- □ **certain** 形 特定の
- □ **generally** 副 一般的に
- □ **fall under the category of ～**　～のカテゴリーに該当する
- □ **perishable** 名 生鮮食品（形 日持ちのしない、腐りやすい）
- □ **foreign** 形 外国の
- □ **processed food**　加工食品
- □ **on the other hand**　一方
- □ **exclude** 動 除外する
- □ **since** 接 ～のために
- □ **undergo** 動 受ける
- □ **some form of ～**　何らかの形の～
- □ **processing** 名 加工
- □ **grill** 動 焼く
- □ **steam** 動 蒸す
- □ **cure** 動 塩漬けにする
- □ **yet** 副 しかし
- □ **eventually** 副 最終的には
- □ **be subject to ～**　～の対象となる
- □ **consumer** 名 消費者
- □ **increasingly** 副 ますます
- □ **in fact**　実際

- □ **archaeological** 形 考古学的な
- □ **evidence** 名 証拠
- □ **indicate** 動 示す
- □ **mark** 動 印を付ける
- □ **produce** 動 製造する
- □ **likely** 副 恐らく
- □ **indicator** 名 指標
- □ **high quality** 高品質
- □ **beat out** 打ち負かす
- □ **perhaps** 副 恐らく
- □ **inferior** 形 劣った
- □ **seal** 名 刻印
- □ **carve** 動 彫る
- □ **clay** 名 粘土
- □ **bear** 動 持つ、有する（過去形はbore、過去分詞はborne
  またはborn）
- □ **impress** 動 押し付ける、刻印する
- □ **read** 動 〜と読める（過去形・過去分詞はread）
- □ **globalize** 動 グローバル化する
- □ **common** 形 一般的な
- □ **combination** 名 組み合わせ
- □ **ingredient** 名 原料
- □ **various** 形 さまざまな
- □ **bring together** 集める
- □ **be sourced from 〜** 〜から供給される
- □ **determine** 動 特定する
- □ **therefore** 副 したがって
- □ **time consuming** 時間のかかる
- □ **involve in 〜** 〜に携わる
- □ **source** 動 調達する
- □ **storage** 名 保管

- □ **ultimately** 副 最終的には
- □ **increase** 動 増加させる
- □ **manufacturer** 名 製造業者
- □ **fit** 動 （寸法に合わせて）入れ込む
- □ **challenge** 名 課題
- □ **deal with ～** ～に取り組む
- □ **overcome** 動 克服する（過去形はovercame、過去分詞は overcome）
- □ **abbreviation** 名 略語
- □ **permit** 動 許可する
- □ **as long as ～** ～の限り
- □ **easily** 副 簡単に
- □ **hatch** 動 孵化する
- □ **slaughter** 動 食肉処理する、殺す
- □ **negative** 形 否定的な
- □ **violent** 形 暴力的な
- □ **connotation** 名 意味合い
- □ **substitute with ～** ～に置き換える
- □ **despite** 前 ～にもかかわらず
- □ **when it comes to ～** ～に関しては
- □ **expand** 動 拡大する
- □ **certainly** 副 確かに
- □ **adapt** 動 適応する
- □ **work in ～'s favor** ～に有利に働く
- □ **business** 名 企業
- □ **store** 動 保管する
- □ **chilled food** 冷凍食品
- □ **degree** 名 度
- □ **～ or below** ～以下
- □ **warn** 動 警告する
- □ **contain** 動 含む

- □ **chemical**　名 化学物質
- □ **recycle**　動 再利用する
- □ **waste**　名 廃棄物
- □ **generate**　動 生み出す
- □ **state**　動 明記する
- □ **paint**　動 (絵具で) 描く
- □ **associated with ～**　～と関連する
- □ **specific**　形 特定の
- □ **stamp**　動 刻印する、スタンプを押す
- □ **meaningful**　形 意味のある
- □ **engrave**　動 彫る
- □ **container**　名 容器
- □ **result in ～**　～の結果になる
- □ **increased**　形 増加した
- □ **currently**　副 現在
- □ **cover**　動 対象とする
- □ **apply**　動 適用する
- □ **overseas**　名 海外
- □ **avoid**　動 避ける
- □ **imply**　動 暗示する
- □ **take up**　占有する
- □ **comply with ～**　～に準拠する
- □ **legal standards**　法的基準
- □ **certain**　形 特定の
- □ **meanwhile**　副 その一方で
- □ **region**　名 地域
- □ **develop**　動 策定する
- □ **similar**　形 同様の

問題36〜40は次の記事に関するものです。

原産国表示

原産国表示（COOL）は、スーパーマーケットなどの小売業者が特定の食品の原産地を顧客に開示することを義務付ける米国の法律である。これらは一般的に外国からの生鮮食品のカテゴリーに該当する。一方、加工食品は、グリル、蒸し、塩漬けなど何らかの形の加工を受けているため除外されている。しかし、消費者が、自分たちの食べる物の起源についてますます知りたがるようになるにつれて、これらでさえ最終的には法律の対象となる可能性がある。

食品のラベル付けは何も新しいものではない。実際、考古学的な証拠が、4,000年前に作られた製品に生産地を示す表示が付いていたことを示している。それは高品質の指標として、そして他の（おそらく劣っている）ブランドを打ち負かすためのものであると思われる。これらの表示は石や粘土から彫って作られた小さな印で、刻印された図案と「Jerichoの最高の油」のように読めるような文字が入っている。

今日のグローバル化された世界では、製品はさまざまな国に起源を持つ原材料を組み合わせたものであることが珍しくなく、原材料の生産国ではない別の国に集められることもある。したがって、原産国または複数の原産国を特定することは困難であり、時間がかかる。これは、調達、加工、保管に携わる人々により多くの作業を求めることになり、最終的に製造業者と消費者の双方にとってコストを増加させることになる。

小さな製品のラベルに情報を入れ込むことは、食品メーカーと販売者が取り組まなければならないもう1つの課題である。このハードルを克服するために、消費者がその意味を簡単に理解で

きる範囲において、現在、略語が許可されている。ほとんどの人は、鶏肉のラベルの「htchd」はhatched（孵化した）を意味し、「slghtrd」はslaughtered（食肉処理された、殺された）を意味するとわかる。slaughteredは否定的または暴力的な意味合いを持っているため、通常はharvested（収穫された）を意味する「hrvstd」に置き換えられる。

COOLに関しては、食品生産者と販売者が直面する多くの課題にもかかわらず、将来的にはおそらく拡大される。その一方で、他の国や地域も同様の法律を策定するであろう。これは確かに消費者にとっての勝利であるが、食品業界は、業界にとって常に有利に働くとは限らないシステムに適応し続ける必要がある。

36. 記事によると、企業は何をすることを法律で義務付けられていますか。

   (A) 冷蔵食品を8度以下で保存する
   (B) 製品に化学物質が含まれている場合は人々に警告する
   (C) 企業が生み出す食品廃棄物を再利用する
   (D) 特定の食品の原産地を明記する

37. 記事によると、古代の製品はどのように印が付けられていましたか。

   (A) 特定の場所に関連する形状を描くことによって
   (B) 意味のある図案を蝋で刻印することによって
   (C) 石または粘土の印を付けることによって
   (D) 容器にメッセージを彫ることによって

38. COOLについて正しくないのはどれですか。

   (A) 米国の法律である。
   (B) コストの増加につながっている。
   (C) 現在、加工食品を対象としている。
   (D) 海外からの食品に適用される。

39. 記事によると、略語の「slghtrd」が「hrvstd」に置き換えら
れているのはなぜですか。

(A) 暴力行為の暗示を避けるため
(B) パッケージとラベルにおける占有スペースを減らすため
(C) 特定の国の法的基準に準拠するため
(D) 人々が理解しやすくするため

40. [1]、[2]、[3]、[4]と記載された箇所のうち、次の文が入るの
に最もふさわしいのはどれですか。

「その一方で、他の国や地域も同様の法律を策定するであろ
う」

(A) [1]
(B) [2]
(C) [3]
(D) [4]

Questions 41–45 refer to the following article. 🔊 09

Marketing and the Purple Cow

Imagine you are in your car and stopped at a red light. You look up at a wide billboard, on which there is a large picture of countless cows grazing on a green hillside. All the cows are black and white with the

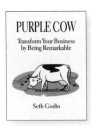

PURPLE COW
Transform Your Business by Being Remarkable

Seth Godin

exception of one: the purple cow. Which will stick out in your memory in the weeks or even years to come?

The "four Ps"—product (or service), place, price, and promotion—are what companies mainly focus their marketing strategies on. And there has long been the idea that marketing success is achievable only if attention is given to each one. But according to author and former dot-com executive Seth Godin, a new "P" should be added to the list.

In his popular book, *Purple Cow: Transform Your Business by Being Remarkable*, Mr. Godin tells marketers to get away from being average and start standing out from the crowd. He argues that you have to be remarkable to get people's attention in markets crammed with advertising. The more exceptional your product or service is, the more people will want it, he points out. But he also emphasizes that making people believe your product or service is extraordinary is just as important as actually having something incredible to sell. Basically, if you want your product to be a purple cow, you need to first determine how it is special. After that, you have to come up with an exciting way to market it.

One example of a purple cow is Red Bull, the caffeinated energy drink that tastes like candy. Instead of marketing a beverage for weary businesspeople, the Austrian company that produces it has targeted the younger generation. It links the drink with Formula One races and extreme sports, and also the nightclub scene. Because of its "cool" image, it has become the most popular energy drink ever.

With so much run-of-the-mill marketing around, Red Bull and other purple cows get noticed. And while this does not always mean the purple cow is the best, it does mean that it is viewed as being in some way very distinctive.

41. What is the main purpose of the article?

(A) To criticize a book on advertising strategies

(B) To oppose a traditional commerce method

(C) To explain a new concept in marketing

(D) To describe a trend in wholesale markets

42. What is indicated about Mr. Godin?

(A) He used to be an executive at a publishing company.

(B) He thinks businesses should try to be different from each other.

(C) He advertised his latest publication on some large billboards.

(D) He believes that marketing specialists should use social media more.

43. How can a business create a purple cow?

(A) By featuring certain animals in commercials

(B) By spending more on advertising a product online

(C) By selecting brilliant colors for product packaging

(D) By convincing consumers that a product is outstanding

44. According to the article, what should people do before thinking of ways to market a product?

(A) Decide where it will be sold
(B) Make sure it complies with standards
(C) Determine what makes it unique
(D) Find out who may want to buy it

45. What is stated about Red Bull in the article?

(A) It is associated with sports.
(B) It is produced in several countries.
(C) It is a carbonated beverage.
(D) It is sold at grocery stores.

この記事は、企業のマーケティング戦略において、従来の product（製品）、place（流通）、price（価格）、promotion（販売促進）の「4つのP」に加えて、purple cow（紫の牛：際立って目立つもの）という新たな「P」に注目すべきであるという、Seth Godin の考えを紹介している。よって、(C) To explain a new concept in marketing（マーケティングの新しい概念を説明すること）が正解。

この記事では、purple cow（紫の牛：際立って目立つもの）について説明していますが、これは、これまでマーケティング戦略の基本となっている「4つのP」に付け加えられる新しい要素なので、a new concept in marketing（マーケティングの新しい概念）と言うことができます。

第3段落前半に、Mr. Godin tells marketers to get away from being average and start standing out from the crowd. He argues that you have to be remarkable to get people's attention（Godin氏はマーケティング担当者に、平均的であることから脱し、他社より抜きんでることを始めるように伝えている。彼は、人々の注意を得るには、卓越していなくてはならないと説く）とある。よって、(B) He thinks businesses should try to be different from each other.（企業は他社と異なろうとするべきであると、考えている）が正解。

白黒の牛の群れの中に一匹だけ紫の牛がいたら、目立ち

ます。Seth Godinは企業に紫の牛のようになること、すなわち他社と大きく異なることで注目を集めることをマーケティング手法として提案しています。

43. 正解 (D)

紫の牛の説明をしている第3段落の中ほどに、he also emphasizes that making people believe your product or service is extraordinary is just as important as actually having something incredible to sell (彼はまた、人々に製品またはサービスが並外れていると信じさせることは、実際にとても素晴らしい商品を持つことと同じくらい重要である点を強調する) とある。製品を紫の牛にするには、並外れた製品であると消費者に信じさせることが重要であるということなので、(D) By convincing consumers that a product is outstanding (製品が極めて優れていると消費者を納得させることによって) が正解。

> making people believe (人々に信じさせること) が convincing consumers (消費者を納得させること) に、extraordinary (並外れている) がoutstanding (極めて優れている) に対応しています。

44. 正解 (C)

第3段落の終わりに、Basically, if you want your product to be a purple cow, you need to first determine how it is special. After that, you have to come up with an exciting way to market it. (つまり、製品を紫の牛にしたいの

なら、まず初めにそれがどのように特別なのかを見極める必要がある。その後、それを売り込む刺激的な方法を考え出さなくてはならない）とある。ここで、you need to first determine how it is special（まず初めにそれがどのように特別なのかを見極める必要がある）と述べているので、(C) Determine what makes it unique（何がそれを比類のないものにしているか見極める）が正解。

本文のhow it is special（それがどのように特別なのか）と選択肢のwhat makes it unique（何がそれを比類のないものにしているか）が対応しています。uniqueは「比類のない、他に類を見ない」といった意味で、only oneのイメージの形容詞です。

45. 正解 (A)

Red Bullについて述べている第4段落に、It links the drink with Formula One races and extreme sports（同社はその飲料をF1レースやエクストリームスポーツに結び付けている）とある。よって、(A) It is associated with sports.（スポーツと結び付けられている）が正解。

現実には、Red Bullは数カ国で生産されている炭酸飲料で、食料品店でも売られていますが、この記事中にはそうした情報はありません。あくまで本文中の情報のみに基づいて答えを選びましょう。

- □ **imagine** 動 想像する
- □ **billboard** 名 (屋外の) 広告板
- □ **countless** 形 数え切れない
- □ **graze** 動 (家畜が) 草を食べる
- □ **hillside** 名 丘の斜面
- □ **exception** 名 例外
- □ **with the exception of ～** ～を例外として、～を除いて
- □ **stick out** 目立つ
- □ **memory** 名 記憶
- □ **years to come** 今後数年間
- □ **place** 名 流通経路
- □ **promotion** 名 宣伝
- □ **mainly** 副 主に
- □ **focus on ～** ～を重視する
- □ **strategy** 名 戦略
- □ **success** 名 成功
- □ **achievable** 形 達成可能な
- □ **attention** 名 注目
- □ **author** 名 著者
- □ **former** 形 元の
- □ **dot-com** 名 インターネット関連企業
- □ **executive** 名 重役
- □ **add** 動 加える
- □ **transform** 動 変える
- □ **business** 名 会社、企業
- □ **remarkable** 形 卓越した、注目に値する
- □ **marketer** 名 マーケティング担当者
- □ **get away from ～** ～から脱する
- □ **average** 形 平均的な
- □ **stand out from the crowd** 他より抜きんでる

□ **crammed with ～**　～が詰め込まれている

□ **advertising**　名 広告

□ **the more ～, the more...**　～すればするほど、ますます…

□ **exceptional**　形 非常に優れている

□ **point out**　指摘する

□ **emphasize**　動 強調する

□ **extraordinary**　形 並外れた

□ **just as ～ as ...**　…と同じくらい～である

□ **basically**　副 つまり

□ **determine**　動 見極める

□ **come up with ～**　～を考え出す

□ **market**　動 売り込む

□ **caffeinated**　形 カフェイン入りの

□ **energy**　名 活力、エネルギー

□ **energy drink**　栄養ドリンク

□ **instead of ～**　～の代わりに

□ **beverage**　名 飲料

□ **weary**　形 疲れた

□ **businesspeople**　名 ビジネス関係者

□ **target**　動 焦点を合わせる

□ **generation**　名 世代

□ **link**　動 結び付ける

□ **Formula One**　F1レース

□ **extreme**　形 危険をはらんだ

□ **extreme sports**　エクストリームスポーツ（速さや高さ
　などの危険をはらんだスポーツ）

□ **ever**　副 これまでに

□ **run-of-the-mill**　形 ありふれた

□ **get noticed**　注目を集める

□ **view**　動 みなす

□ **in some way**　何らかの点で

□ **distinctive**　形 際立っている

- □ **criticize** 動 批判する
- □ **oppose** 動 異を唱える、反対する
- □ **traditional** 形 伝統的な
- □ **commerce** 名 商取引、商業
- □ **method** 名 方法
- □ **explain** 動 説明する
- □ **concept** 名 概念
- □ **describe** 動 説明する
- □ **trend** 名 動向、トレンド
- □ **wholesale** 形 卸売りの 反 retail 小売の
- □ **indicate** 動 示す
- □ **used to be ～** 以前～だった
- □ **publishing company** 出版社
- □ **advertise** 動 宣伝する
- □ **latest** 形 最新の
- □ **publication** 名 出版物
- □ **feature** 動 出演させる
- □ **certain** 形 ある特定の
- □ **select** 動 選ぶ
- □ **brilliant color** 鮮やかな色
- □ **packaging** 名 梱包
- □ **convince** 動 説得する
- □ **consumer** 名 消費者
- □ **outstanding** 形 極めて優れた
- □ **decide** 動 決める
- □ **make sure** 確認する
- □ **comply with ～** ～に適合する
- □ **unique** 形 比類のない
- □ **find out** 調べる
- □ **associate A with ～** Aを～と結び付ける
- □ **carbonated** 形 炭酸を含む
- □ **grocery store** 食料品店

問題41〜45は次の記事に関するものです。

マーケティングと紫の牛

あなたが自分の車に乗っていて、赤信号で止まっているところを想像してもらいたい。幅の広い広告ボードを見上げると、そこには、緑の山腹で草を食べている無数の牛たちの大きな絵がある。牛はみんな白黒だが、1頭だけ例外がいる。紫の牛である。どちらが、数週間後、もしくは数年先でさえ、あなたの記憶に残るだろうか。

「4つのP」、すなわち製品（またはサービス）、流通、価格、販売促進は、企業がマーケティング戦略において主に注目する要素である。そして、長い間、各項目に注意を払わなければマーケティングの成功は成し遂げられないという考えがあった。しかし、著者でインターネット企業の元重役であるSeth Godinによれば、このリストに新しい「P」が加えられるべきである。

彼の人気の著書、「紫の牛：卓越することによってあなたの会社を変えよう」（邦題：『「紫の牛」を売れ！』）で、Godin氏はマーケティング担当者に、平均的であることから脱し、他社より抜きんでることから始めるように伝えている。彼は、広告が詰め込まれている市場において人々の注意を得るには、卓越していなくてはならないと説く。製品またはサービスが優れていればいるほど、人々はますますそれを欲しがると彼は指摘する。しかし彼はまた、人々に製品またはサービスが並外れていると信じさせることは、実際にとても素晴らしい商品を持つことと同じくらい重要である点を強調する。つまり、製品を紫の牛にしたいのなら、まず初めにそれがどのように特別なのかを見極める必要がある。その後、それを売り込む刺激的な方法を考え出さなくてはならない。

紫の牛の一例は、Red Bull（レッドブル）という、キャンディー
のような味のカフェイン入り栄養ドリンクである。疲れたビジ
ネス関係者に向けて飲料を売り出す代わりに、それを製造して
いるオーストリアの企業は、若い世代をターゲットにしてきた。
同社はその飲料をF1レースやエクストリームスポーツ、そして
ナイトクラブシーンにも結び付けている。その「クールな」イメ
ージにより、同商品はこれまでに最も人気のある栄養ドリンク
となった。

ありふれたマーケティングが多くある中で、Red Bullやその他
の紫の牛たちは注目されている。そして、これは紫の牛が常に最
良であるという訳ではないが、何らかの点でとても際立ってい
ると見なされていることを意味する。

41. 記事の主な目的は何ですか。

　　(A) 広告戦略に関する本を批判すること
　　(B) 伝統的な商取引方法に異議を唱えること
　　(C) マーケティングの新しい概念を説明すること
　　(D) 卸売市場の動向を説明すること

42. Godinさんについて何が示されていますか。

　　(A) 以前、出版社の重役だった。
　　(B) 企業は他社と異なろうとするべきであると、考えている。
　　(C) 大型広告板で自分の最新の出版物を宣伝した。
　　(D) マーケティングの専門家は、もっとソーシャルメディア
　　　　を使うべきであると、信じている。

43. 企業はどのようにして紫の牛を作ることができますか。

(A) コマーシャルにある動物を出演させることによって
(B) 製品をオンライン上で宣伝することにかける費用を増やすことによって
(C) 製品の包装に鮮やかな色を選ぶことによって
(D) 製品が極めて優れていると消費者を納得させることによって

44. 記事によると、人々は製品を売り込む方法を考える前に何をするべきですか。

(A) どこで販売されるか決める
(B) 基準に適合しているか確認する
(C) 何がそれを比類のないものにしているか見極める
(D) 誰が買いたいと思うのか調べる

45. Red Bull について記事で何が述べられていますか。

(A) スポーツと結び付けられている。
(B) 数カ国で生産されている。
(C) 炭酸飲料である。
(D) 食料品店で販売されている。

Questions 46–50 refer to the following article. ◀ 10

AUSTRALIA'S PLASTIC CASH

The sophistication of modern-day technology has made it easier to counterfeit currencies than ever before. Although paper has been used for centuries to make banknotes, countries and currency issuers are now turning to plastic for security reasons and for its durability.

In the 1960s, the Commonwealth Scientific and Industrial Research Organisation (CSIRO) and Note Printing Australia, a subsidiary of the Reserve Bank of Australia, set out to improve Australia's currency. — [1] —. Drawing upon its research in the field of chemistry, the CSIRO developed a plastic film on which banknotes could be printed. The material is highly resistant to tearing, returns to its original shape after folding, and has a much longer lifespan than paper.

Australia was not the first country to test out plastic currency. Costa Rica and Haiti introduced plastic banknotes in 1982, which were developed by the science and technology company DuPont. The problem with these notes was that they were not suitable for a tropical climate. — [2] —.

By 1988, the usability of plastic had reached a new level. This meant that Australia could develop its own plastic money, and it started that year with a 10-dollar note commemorating the country's 200th birthday. — [3] —. The decision was soon made to print all the country's banknotes on plastic, and by 1996 every new banknote in Australia was made of plastic. Australia currently has 5-, 10-, 20-, and 50-cent coins as well as one- and two-dollar coins. Its five plastic notes are issued in denominations of 5, 10, 20, 50, and 100 dollars.

The innovative Australian-made technology that produced the high-quality banknotes also allowed for printing brilliantly colorful artwork on the notes, which depict key individuals and events in the nation's history as well as images from nature. — [4] —. The notes are also much easier to clean and recycle than paper money. Moreover, the CSIRO developed them with multiple security features to prevent counterfeiting. It did this by combining techniques used in areas such as synthetic chemistry, nanotechnology, and polymer chemistry. Banknotes made of plastic are now used in over 50 countries and regions.

46. What is the article mainly about?

(A) Materials used in Australia that were developed by DuPont
(B) Modern techniques for avoiding currency exchange risks
(C) Progress made in the development of a type of currency
(D) Competition among organizations that make banknotes

47. According to the article, who teamed up with a subsidiary of the Reserve Bank of Australia?

(A) A paper-making company
(B) A research organization
(C) A plastic manufacturer
(D) A state university

48. What is NOT a reason given in the article for using plastic banknotes?

(A) They are more difficult to reproduce.
(B) They can withstand extreme temperatures.
(C) They have a much longer lifespan.
(D) They are easier to recycle.

49. What happened in 1988?

  (A) A company decided to extend a contract.
  (B) A new type of material was used for devices.
  (C) Plastic money was introduced in Australia.
  (D) Haiti celebrated its bicentenary.

50. In which of the positions marked [1], [2], [3], and [4] does the following sentence best belong?

  "Specifically, the ink would rub off the banknotes in warm, humid weather."

  (A) [1]
  (B) [2]
  (C) [3]
  (D) [4]

この記事では、オーストラリアにおけるプラスチック紙幣の導入と発展の経緯が説明されている。よって、記事の主な内容は、(C) Progress made in the development of a type of currency（ある種類の通貨の開発における進歩）と言える。

plastic banknote（プラスチック紙幣）が記事の主題ですが、選択肢では a type of currency（ある種類の通貨）に言い換えられています。

ちなみに「プラスチック紙幣」という日本語に違和感を持つ人もいるかもしれませんが、banknote の訳語として「紙幣」が一般的なので、このようにしました。プラスチックと言っても、紙幣に使われているのは紙に近い薄い合成樹脂です。

第2段落冒頭に、In the 1960s, the Commonwealth Scientific and Industrial Research Organisation (CSIRO) and Note Printing Australia, a subsidiary of the Reserve Bank of Australia, set out to improve Australia's currency.（1960年代に Commonwealth Scientific and Industrial Research Organisation（オーストラリア連邦科学産業研究機構：CSIRO）と、Reserve Bank of Australia（オーストラリア準備銀行）の子会社である Note Printing Australia（オーストラリア印刷局）は自国の通貨の改善に着手した）とある。Note Printing Australia（オーストラリア印刷局）が Reserve Bank of Australia（オーストラリア準備銀行）の子会社で、

その組織に協力したのは、Commonwealth Scientific and Industrial Research Organisation（オーストラリア連邦科学産業研究機構：CSIRO）である。また、後続の Drawing upon its research in the field of chemistry, the CSIRO developed a plastic film on which banknotes could be printed.（化学の分野での研究を利用して、CSIRO は紙幣を印刷できるプラスチックフィルムを開発した）から、CSIRO が化学の分野の研究をしている機関であることがわかる。よって、(B) A research organization（研究機関）が正解。

Commonwealth Scientific and Industrial Research Organisation（オーストラリア連邦科学産業研究機構）という組織名から、研究機関であるという予想が付きますが、後続の情報を確認することで確信を持って答えを選ぶことができます。

48. 正解 (B)

プラスチック紙幣を使う理由として挙げられていないのは、(B) They can withstand extreme temperatures.（極端な温度に耐えられる）である。(A) は第1段落の The sophistication of modern-day technology has made it easier to counterfeit currencies than ever before. Although paper has been used for centuries to make banknotes, countries and currency issuers are now turning to plastic for security reasons and for its durability.（現代の技術の高度化は、かつてないほど通貨の偽造を容易にした。紙が何世紀にもわたり紙幣の製造に使われてきたが、国と通貨発行者は、防犯上の理由とその耐久性のためにプラスチックに目を向

けている）、(C) は第2段落終わりのThe material is highly resistant to tearing, returns to its original shape after folding, and has a much longer lifespan than paper. (その素材は裂けに対して高い耐久性があり、折り畳んだ後も元の形に戻り、紙よりずっと寿命が長い)、(D) は最終段落中盤のThe notes are also much easier to clean and recycle than paper money. (プラスチック製の紙幣は、紙製のものより、汚れを落としたり、リサイクルしたりするのがはるかに簡単にできる) に対応している。

49. 正解 (C)

第4段落冒頭に、By 1988, the usability of plastic had reached a new level. This meant that Australia could develop its own plastic money, and it started that year with a 10-dollar note commemorating the country's 200th birthday. (1988年までに、プラスチックの有用性は新たなレベルに達していた。これはオーストラリアが独自のプラスチック通貨を開発できることを意味し、同国はその年、建国200周年を記念する10ドル札から始めた) とある。ここから、1988年にオーストラリアでプラスチック紙幣が導入されたことがわかるので、(C) Plastic money was introduced in Australia. (プラスチック通貨がオーストラリアで導入された) が正解。

引用部分のthat year (その年) は、1988年を指しています。このように、代名詞が何を指しているかを理解して答える問題も出題されます。

挿入文のSpecifically, the ink would rub off the banknotes in warm, humid weather. (具体的には、暖かく湿度の高い気候でインクが紙幣から擦れ落ちてしまっていた) は、前に述べられたことを具体的に説明している文である。よって、第3段落のThe problem with these notes was that they were not suitable for a tropical climate. (これらの紙幣の問題は、熱帯気候に適していないことであった) の後ろに入れると上手くつながるので、(B)が正解。

挿入文冒頭のSpecifically (具体的には) がフックになっています。「暖かく湿度の高い気候でインクが紙幣から擦れ落ちてしまっていた」というのは、初期のプラスチック紙幣が熱帯気候に適していなかったことの具体的な説明になっています。

- □ **sophistication** 名 高度化
- □ **counterfeit** 動 偽造する 同 forge
- □ **currency** 名 通貨
- □ **although** 接 〜にもかかわらず 同 though
- □ **banknote** 名 紙幣 同 note
- □ **issuer** 名 発行者
- □ **turn to 〜** 〜に目を向ける
- □ **security reason** 防犯上の理由
- □ **durability** 名 耐久性
- □ **the Commonwealth** オーストラリア連邦
- □ **scientific** 形 科学の
- □ **industrial** 形 産業の
- □ **research** 名 研究
- □ **organisation** 名 組織、機構（アメリカ英語ではorganization）
- □ **note** 名 紙幣 同 banknote
- □ **subsidiary** 名 子会社
- □ **set out to 〜** 〜し始める、〜に着手する
- □ **improve** 動 改良する
- □ **draw upon 〜** 〜を利用する
- □ **field** 名 分野
- □ **chemistry** 名 化学
- □ **develop** 動 開発する
- □ **print** 動 印刷する
- □ **material** 名 素材
- □ **highly** 副 非常に
- □ **resistant** 形 耐久性のある
- □ **tear** 動 裂ける（過去形はtore、過去分詞はtorn）
- □ **return** 動 戻る
- □ **original** 形 元の

- □ **shape** 名 形
- □ **fold** 動 折り畳む
- □ **lifespan** 名 寿命
- □ **test out** 〜 〜を試す
- □ **introduce** 動 導入する
- □ **suitable** 形 適している
- □ **tropical** 形 熱帯の
- □ **climate** 名 気候
- □ **usability** 名 有用性
- □ **commemorate** 動 祝う 同 celebrate
- □ **decision** 名 決定
- □ **currently** 副 現在
- □ **issue** 動 発行する
- □ **denomination** 名 (貨幣の) 額面金額
- □ **innovative** 形 革新的な
- □ **Australian-made** 形 オーストラリアで作られた、オーストラリア発祥の
- □ **allow for** 〜 〜を可能にする
- □ **brilliantly** 副 素晴らしく
- □ **colorful** 形 色鮮やかな
- □ **depict** 動 描く
- □ **key** 形 重要な
- □ **individual** 名 個人
- □ **clean** 動 きれいにする、汚れを落とす
- □ **recycle** 動 リサイクルする
- □ **multiple** 形 複数の
- □ **feature** 名 機能
- □ **prevent** 動 防止する
- □ **combine** 動 組み合わせる
- □ **technique** 名 技術
- □ **synthetic** 形 合成の、人造の 同 artificial

- **nanotechnology** 名 ナノテクノロジー、超精密技術
- **polymer chemistry** 高分子化学
- **region** 名 地域
- **avoid** 動 避ける
- **currency exchange** 為替
- **progress** 名 進歩
- **development** 名 開発
- **competition** 名 競争
- **team up with ～** ～と協力する
- **manufacturer** 名 メーカー、製造業者
- **state university** 州立大学
- **reproduce** 動 複製する
- **withstand** 動 耐える（過去形・過去分詞はwithstood）
- **extreme** 形 極端な
- **temperature** 名 温度
- **extend** 動 延長する
- **contract** 名 契約
- **device** 名 機器
- **celebrate** 動 祝う 同 commemorate
- **bicentenary** 名 200周年
- **specifically** 副 具体的には
- **rub off ～** ～から擦れ落ちる
- **humid** 形 湿度の高い
- **weather** 名 気候 同 climate

問題46〜50は次の記事に関するものです。

オーストラリアのプラスチック製現金

現代の技術の高度化は、かつてないほど通貨の偽造を容易にした。紙が何世紀にもわたり紙幣の製造に使われてきたが、国と通貨発行者は、防犯上の理由とその耐久性のためにプラスチックに目を向けている。

1960年代にCommonwealth Scientific and Industrial Research Organisation（オーストラリア連邦科学産業研究機構：CSIRO）と、Reserve Bank of Australia（オーストラリア準備銀行）の子会社であるNote Printing Australia（オーストラリア印刷局）は自国の通貨の改善に着手した。化学の分野での研究を利用して、CSIROは紙幣を印刷できるプラスチックフィルムを開発した。その素材は裂けに対して高い耐久性があり、折り畳んだ後も元の形に戻り、紙よりずっと寿命が長い。

オーストラリアは、プラスチック通貨を最初に試した国ではなかった。コスタリカとハイチが、科学技術系企業のDuPontによって開発されたプラスチック紙幣を1982年に導入した。これらの紙幣の問題は、熱帯気候に適していないことであった。具体的には、暖かく湿度の高い気候でインクが紙幣から擦れ落ちてしまっていた。

1988年までに、プラスチックの有用性は新たなレベルに達していた。これはオーストラリアが独自のプラスチック通貨を開発できることを意味し、同国はその年、建国200周年を記念する10ドル札から始めた。その後すぐに同国の紙幣をすべてプラスチックに印刷することが決まり、1996年までに、オーストラリアの新札はすべてプラスチック製となった。オーストラリアには現在、5、10、20、50セント硬貨および1ドルと2ドルの硬

貨がある。5つのプラスチック紙幣は、5、10、20、50、100ドルの額面金額で発行されている。

高品質の紙幣を生み出した革新的なオーストラリア発祥の技術は、国の歴史上の重要人物や出来事および自然の絵を描いた、素晴らしく色鮮やかな作品を紙幣に印刷することも可能にした。プラスチック製の紙幣は、紙製のものより、汚れを落としたり、リサイクルしたりするのがはるかに簡単にできる。さらに、CSIROは偽造を防ぐ複数の防犯機能を開発した。同機構は、合成化学やナノテクノロジー、高分子化学といった分野で用いられる技術を組み合わせることで、これを行った。プラスチック製の紙幣は、現在50以上の国や地域で使用されている。

46. 記事は、主に何についてですか。

    (A) DuPontによって開発された、オーストラリアで使用されている素材

    (B) 為替リスクを避けるための現代の技術

    (C) ある種類の通貨の開発における進歩

    (D) 紙幣を製造する機関の間の競争

47. 記事によると、誰がReserve Bank of Australiaの子会社と協力しましたか。

    (A) 製紙会社

    (B) 研究機関

    (C) プラスチックメーカー

    (D) 州立大学

48. プラスチック紙幣を使う理由として、記事中で挙げられていないのはどれですか。

(A) 複製するのがより難しい。
(B) 極端な温度に耐えられる。
(C) 寿命がはるかに長い。
(D) よりリサイクルしやすい。

49. 1988年に何が起こりましたか。

(A) 企業が契約の延長を決めた。
(B) 新種の素材が機器に使われた。
(C) プラスチック通貨がオーストラリアで導入された。
(D) ハイチが建国200周年を祝った。

50. [1]、[2]、[3]、[4]と記載された箇所のうち、次の文が入るのに最もふさわしいのはどれですか。

「具体的には、暖かく湿度の高い気候でインクが紙幣から擦れ落ちてしまっていた」

(A) [1]
(B) [2]
(C) [3]
(D) [4]

Questions 51–55 refer to the following article. ◀ 11

BANKSY THE ELUSIVE

Banksy has wowed the world with his controversial artwork and mysterious persona. But how exactly has this artist from Bristol, England, attracted so much attention?

In spite of his fame, Banksy has managed to keep his face and true identity out of the mainstream media for decades. While some newspapers claim this man of mystery is named Robert Banks, others call him Robin Banks or Robin Gunningham. And none seem sure that whatever alleged photographs of Banksy they've acquired are in fact of him. Some believe he's a former butcher. Others say he's not just one person but a group of several artists working together.

Then there's his artwork. Considered one of the most talented artists of our time, Banksy combines a unique graffiti style with a distinctive stenciling technique. Themes in his drawings are often related to politics or the mass media. Some of his more famous pieces include images of monkeys, soldiers, and one of a masked rioter ready to throw not a bomb but a flower bouquet. His artwork is considered rebellious with an element of humor. And he has taken many risks in getting it noticed.

Warning shots fired by Israeli security forces didn't stop him from drawing on a West Bank barrier. Security personnel didn't catch him sneaking into the British Museum with a fake prehistoric cave painting, which was overlooked for days and then later added to the museum's collection. Media giants can't determine his true identity, even after his works sold to high-profile movie stars including Keanu Reeves and Brad Pitt. And the police haven't managed to arrest him for drawing illegally on public walls even as he has been able to sell some of his pieces for around ten million U.S. dollars apiece.

The secrecy surrounding Banksy, coupled with the rebellious nature of his artwork, has gained the artist many followers in the art world, particularly among younger generations. With a documentary about him nominated for an Oscar in 2010 and increasing worldwide interest in his work, we will certainly be seeing a lot more of Banksy in the future, whether we ever see his face or not.

51. What is the article mainly about?

(A) The techniques used by a successful street performer
(B) The methods a popular artist has used to attract attention
(C) The controversy surrounding a particular sculpture
(D) The attempts of an individual to remain anonymous

52. What is considered true about Banksy according to some newspapers?

(A) He has become a renowned musician.
(B) He was employed by a national museum.
(C) He is actually two different people.
(D) He used to work in the meat industry.

53. What is one way that Banksy has gained publicity for his work?

(A) He was detained by police for trespassing.
(B) He created a drawing amid gunfire.
(C) He created a controversial documentary.
(D) He painted graffiti on a piece of artwork.

54. According to the article, what happened to Banksy's cave drawing?

    (A) It went unnoticed in a public place.
    (B) It was sold to a famous movie star.
    (C) It went missing in the city of Bristol.
    (D) It was rejected by some art galleries.

55. What is NOT mentioned about Banksy?

    (A) He has portrayed animals in some of his artwork.
    (B) He uses a technique that is considered unique.
    (C) He has been nominated for some awards.
    (D) He has long kept his identity a secret.

この記事では、Banksyという正体不明の芸術家の活動が紹介されている。第1段落に、But how exactly has this artist from Bristol, England, attracted so much attention? (しかし、このイングランドのBristol出身の芸術家は、そもそもどのようにして、これほどの注目を集めているのだろうか) とあり、それ以降の段落で彼がどのように注目を集めていったのかを説明しているので、(B) The methods a popular artist has used to attract attention (人気の芸術家が注目を集めるのに使った方法) が正解。

 (D) は少し紛らわしかったかもしれません。Banksyは、本名を隠して活動しているので、anonymous (匿名の、名前を伏せた) と言えますが、記事の焦点は本名を隠す試みではないので、正解にはなりません。

第2段落では、新聞がBanksyの正体についてどのような報道をしているかが述べられている。同段落の後半に、Some believe he's a former butcher. (彼は元肉屋であると信じる新聞もある) とある。よって、(D) He used to work in the meat industry. (かつて食肉業界で働いていた) が正解。

第2段落後半のSome believe he's a former butcher. が正解の根拠になっていますが、この段落では、新聞の話をしているので、この文のSomeは、Some newspapersの意味になります。

第4段落冒頭に、Warning shots fired by Israeli security forces didn't stop him from drawing on a West Bank barrier. (イスラエル治安部隊による威嚇射撃も彼がWest Bankの分離壁に絵を描くことを止められなかった) とある。イスラエル治安部隊が威嚇射撃をしても絵を描くのを止めなかったということは、発砲が続く中で絵を描いていたということになるので、(B) He created a drawing amid gunfire. (発砲の中で、絵を描いた) が正解。

 stop A from -ingは、「Aが〜するのを止める」という意味です。prevent (止める、阻止する)、ban (禁止する)、prohibit (禁止する)、dissuade (説得して止めさせる) などの「止めさせる」の意味を持つ動詞は、後ろに目的語 + from -ingを続けることができます。

第4段落に、Security personnel didn't catch him sneaking into the British Museum with a fake prehistoric cave painting, which was overlooked for days (警備員は、Banksyが先史時代の洞窟壁画の偽物を持って大英博物館に忍び込むのを見つけられず、その絵は何日も見過ごされた) とある。ここから、彼が大英博物館に持ち込んだ洞窟壁画は、そこで何日も見過ごされていたことがわかるので、(A) It went unnoticed in a public place. (公共の場所で気付かれずにいた) が正解。

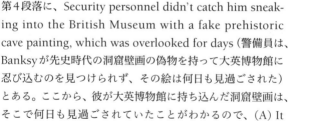 本文のwas overlooked (見過ごされていた) が選択肢

の went unnoticed（気付かれずにいた）に対応してい
ます。

55. 正解 (C)

(C) He has been nominated for some awards.（いくつか
の賞にノミネートされた）に対応する記述がないので、こ
れが正解。(A)は第3段落の Some of his more famous
pieces include images of monkeys, soldiers, and one of
a masked rioter ready to throw not a bomb but a flower
bouquet.（彼の有名な作品には、猿、兵士、そして覆面をし
た暴徒が爆弾でなく花束を投げようとしている画像などが
ある）、(B)は第3段落のBanksy combines a unique graffiti
style with a distinctive stenciling technique（Banksy は、
ユニークなグラフィティスタイルと独特のステンシル技法を
組み合わせる）、(D)は第2段落のBanksy has managed to
keep his face and true identity out of the mainstream
media for decades（Banksy は、数十年に渡り、何とか自分
の顔と正体を主要メディアに出さないようにしてきている）
がそれぞれ対応している。

nominated（ノミネートされた）に関しては、最終段落
にBanksyに関するドキュメンタリーがアカデミー賞に
ノミネートされたという記述がありますが、彼自身が賞
にノミネートされた訳ではありません。

164

- □ **elusive** 形 捉えられない
- □ **wow** 動 あっと言わせる
- □ **controversial** 形 物議をかもす
- □ **artwork** 名 (芸術の) 作品
- □ **mysterious** 形 謎めいた
- □ **persona** 名 人格
- □ **exactly** 副 そもそも
- □ **attract** 動 引き付ける、集める
- □ **attention** 名 注目
- □ **in spite of 〜** 〜にもかかわらず 同 despite
- □ **fame** 名 名声
- □ **manage to 〜** 何とか〜する
- □ **keep A out of 〜** Aを〜から遠ざけておく
- □ **true identity** 正体
- □ **mainstream** 名 主流
- □ **mainstream media** 大手メディア
- □ **decade** 名 10 年
- □ **claim** 動 主張する
- □ **mystery** 名 謎
- □ **none** 代 誰も〜でない
- □ **whatever** 形 どんな〜も
- □ **alleged** 形 そう思われている
- □ **acquire** 動 手に入れる
- □ **in fact** 実際に
- □ **former** 形 元の、かつての
- □ **butcher** 名 肉屋
- □ **talented** 形 才能のある 同 gifted
- □ **combine** 動 組み合わせる
- □ **graffiti** 名 グラフィティ (スプレーのペイントなどを使い、壁などに描かれた絵)

- □ **distinctive** 形 独特の
- □ **stenciling technique** ステンシル技法（紙や金属板に切り抜いた図柄や文字を刷り出す方法）
- □ **theme** 名 テーマ
- □ **drawing** 名 絵
- □ **related to ～** ～に関係のある
- □ **politics** 名 政治
- □ **piece** 名 （芸術の）作品
- □ **image** 名 画像
- □ **masked** 形 覆面をした
- □ **rioter** 名 暴徒
- □ **ready to ～** ～をしようとしている
- □ **throw** 動 投げる（過去形はthrew、過去分詞はthrown）
- □ **bomb** 名 爆弾
- □ **bouquet** 名 花束
- □ **rebellious** 形 反逆心のある
- □ **element** 名 要素
- □ **take risks** 危険をおかす
- □ **get ～ noticed** ～が注目される
- □ **warning shot** 威嚇射撃
- □ **fire** 動 発砲する
- □ **security force** 治安部隊
- □ **stop A from -ing** Aが～するのを止める
- □ **West Bank** （パレスチナ自治区の）ヨルダン川西岸
- □ **barrier** 名 防壁、分離壁
- □ **security personnel** 警備員
- □ **sneak into ～** ～に忍び込む
- □ **fake** 形 偽の
- □ **prehistoric** 形 有史以前の
- □ **cave** 名 洞窟
- □ **cave painting** 洞窟壁画

□ **overlook** 動 見過ごす

□ **collection** 名 所蔵品

□ **media giant** 巨大メディア

□ **determine** 動 特定する

□ **high-profile** 形 注目を集めている

□ **including** 前 ～を含む

□ **arrest** 動 逮捕する

□ **illegally** 副 違法に

□ **even as ～** ～にもかかわらず

□ **apiece** 副 1点あたり

□ **secrecy** 名 秘密性

□ **surround** 動 とりまく

□ **coupled with ～** ～と相まって

□ **nature** 名 特質、性質

□ **rebellious nature** 反逆性

□ **follower** 名 信奉者

□ **particularly** 副 特に

□ **generation** 名 世代

□ **nominate** 動 ノミネートする

□ **worldwide** 形 世界的な

□ **interest** 名 関心

□ **certainly** 副 必ず

□ **successful** 形 成功した

□ **street performer** 大道芸人

□ **controversy** 名 論議

□ **particular** 形 ある特定の

□ **sculpture** 名 彫刻

□ **attempt** 名 試み

□ **individual** 名 個人

□ **remain** 動 ～のままでいる

□ **anonymous** 形 匿名の

□ **renowned**　形 有名な　同 famous, well-known

□ **employ**　動 雇う

□ **actually**　副 実際は

□ **meat industry**　食肉業界

□ **publicity**　名 注目

□ **detain**　動 拘留する

□ **trespassing**　名 不法侵入

□ **amid**　前 〜の中で

□ **go unnoticed**　気付かれずにいる

□ **go missing**　行方不明になる

□ **reject**　動 拒否する　同 turn down

□ **portray**　動 描く

□ **award**　名 賞

問題51〜55は次の記事に関するものです。

捉えられないBanksy

Banksyは、物議をかもす作品と謎めいた人格で世界をあっと言わせてきた。しかし、このイングランドのBristol出身の芸術家は、そもそもどのようにして、これほどの注目を集めているのだろうか。

その名声にもかかわらず、Banksyは、数十年に渡り、何とか自分の顔と正体を主要メディアに出さないようにしてきている。いくつかの新聞がこの謎の男の名前はRobert Banksであると主張する一方、彼をRobin BanksまたはRobin Gunninghamと呼ぶものもある。そして、新聞が入手したBanksyであると思われているどの写真も実際に彼なのか誰も確信を持てないようである。彼は元肉屋であると信じる新聞もある。彼は1人の人間ではなく、共に活動する数人の芸術家のグループであると言う新聞もある。

そして、彼の作品がある。現代の最も優れた芸術家の1人であると考えられているBanksyは、ユニークなグラフィティスタイルと独特のステンシル技法を組み合わせる。彼の絵のテーマは、しばしば政治やマスメディアに関連がある。彼の有名な作品には、猿、兵士、そして覆面をした暴徒が爆弾でなく花束を投げようとしている画像などがある。彼の作品は、ユーモアの要素を持ちつつ反逆心があると考えられている。そして、彼は作品が注目されるために多くの危険をおかしてきた。

イスラエル治安部隊による威嚇射撃も彼がWest Bankの分離壁に絵を描くことを止められなかった。警備員は、Banksyが先史時代の洞窟壁画の偽物を持って大英博物館に忍び込むのを見つけられず、その絵は何日も見過ごされ、後に博物館の所蔵品に加

えられた。巨大メディアは、彼の作品がKeanu ReevesやBrad Pittを含む注目を集めている映画スターに売却された後でさえ、彼の正体を特定できずにいる。そして、彼はいくつかの作品を1点あたりおよそ1千万米ドルで売ることができているのに、警察は公共の壁に違法に絵を描いたことで彼を逮捕できずにいる。

Banksyをとりまく秘密性は、彼の作品の反逆性と相まって、特に若い世代を中心に、美術界においてこの芸術家に多くの信奉者をもたらした。2010年のOscar（アカデミー賞）にノミネートされた彼に関するドキュメンタリーと彼の作品に対する世界的な関心の高まりにより、私たちがこの先、彼の顔を見ることがあってもなくても、将来、確実にBanksyに関することをより多く目にするようになるであろう。

51. 記事は、主に何についてですか。

    (A) 成功した大道芸人によって使われた技法
    (B) 人気の芸術家が注目を集めるのに使った方法
    (C) ある彫刻を巡る議論
    (D) 匿名のままでいようとする個人の試み

52. いくつかの新聞によると、Banksyについて何が正しいと思われていますか。

    (A) 有名な音楽家になった。
    (B) 国立博物館に雇われていた。
    (C) 実際は2人の異なる人物である。
    (D) かつて食肉業界で働いていた。

53. Banksyが彼の作品への注目を集めた1つの方法はどれですか。

(A) 不法侵入で警察に拘留された。
(B) 発砲の中で、絵を描いた。
(C) 物議をかもすドキュメンタリーを作った。
(D) ある作品の上にグラフィティを描いた。

54. 記事によると、Banksyの洞窟壁画に何が起こりましたか。

(A) 公共の場所で気付かれずにいた。
(B) 有名な映画スターに売られた。
(C) イングランドのBristolで行方不明になった。
(D) いくつかのアートギャラリーに拒否された。

55. Banksyについて述べられていないのはどれですか。

(A) いくつかの作品で、動物を描いた。
(B) ユニークであると思われている技法を使う。
(C) いくつかの賞にノミネートされた。
(D) 自分の正体を長い間、秘密にしている。

Questions 56–60 refer to the following article. ◀ 12

YouTube—A Collaboration of Creativity and Community

The online video platform YouTube was launched on Valentine's Day in 2005, and only a year later it was receiving 100 million video views per day. It is no wonder that Google acquired the site in 2006 for $1.65 billion, an eye-popping figure to pay for a startup but nonetheless arguably the best tech deal in history. — [1] —. After all, YouTube is now a $20 billion-a-year business and the world's leading video search engine. In fact, more video is uploaded to the site every 60 days than what has aired on the big three major U.S. television networks over the past 60 years.

The bulk of YouTube's revenue comes from advertising. And perhaps because its birthday is also Valentine's Day, the company nurtures very close relationships with its partners. — [2] —. That is, it gives some of its advertising revenue to content creators. This revenue-sharing model has not only attracted more creators but has also encouraged them to upload higher quality content, which in turn attracts more viewers and helps the company maintain a competitive edge.

There are some YouTubers, as these content creators are called, who have made tens and even hundreds of millions of U.S. dollars from their YouTube channels. People attempting to build one and turn it into a profitable business should expect a long, arduous process. — [3] —. On top of that, they have to promote the channel, engage with their audience, and do all this continually so that people keep coming back for more.

While monetizing a YouTube channel takes a combination of time, patience, and—some would say—luck, creating content for the platform has for many people become a career. It has positively impacted society in other ways as well. Although countless YouTube videos are posted solely to entertain, many are made to educate. Content ranges from how-to advice on pretty much everything to language courses and university lectures. — [4] —. As the company evolves and continues to deliver more value, whether that is entertainment or education, YouTube will undoubtedly long remain the world's largest platform for creating, sharing, and discovering video content.

56. What is stated about the history of YouTube?

(A) It was acquired by Google on Valentine's Day.
(B) It used to prohibit the monetization of videos.
(C) It was purchased by Google for $1.65 billion.
(D) It started off as an online gaming service.

57. What is NOT mentioned as an advantage of YouTube's business model?

(A) It encourages people to upload high-quality videos.
(B) It generates increases in audience numbers.
(C) It helps the company outperform competitors.
(D) It gives filmmakers exposure to movie producers.

58. According to the article, what can be a challenge?

(A) Notifying subscribers about video uploads
(B) Developing a unique marketing concept
(C) Collaborating with YouTubers on projects

    (D) Making a successful YouTube
        channel

59. According to the article, how has
YouTube contributed to society?

    (A) By creating numerous jobs in the
        advertising industry
    (B) By serving as a platform for teaching
        and learning
    (C) By influencing popular social
        networking services
    (D) By increasing awareness of social
        justice issues

60. In which of the positions marked [1], [2],
[3], and [4] does the following sentence
best belong?

   "These individuals have to create
   appealing, professional-looking
   content."

    (A) [1]
    (B) [2]
    (C) [3]
    (D) [4]

第1段落に、It is no wonder that Google acquired the
site in 2006 for \$1.65 billion, an eye-popping figure to
pay for a startup but nonetheless arguably the best
tech deal in history.（Googleが2006年に、16億5000万
ドルでこのサイトを買収したのも不思議ではなく、それはス
タートアップ企業に支払うには目を見張る額であったが、ほ
ぼ間違いなく史上最高のテクノロジー関連の取引であった）
とある。よって、(C) It was purchased by Google for \$1.65
billion.（16億5000万ドルでGoogleによって購入された）
が正解。

😀 本文のacquire（買収する）が選択肢では、purchase（購
入する）に言い換えられています。

😀 第1段落に、The online video platform YouTube was
launched on Valentine's Day in 2005（オンライン動
画プラットフォームのYouTubeは、2005年のバレンタ
インデーに設立された）という記述はありますが、バレ
ンタインデーに買収されたわけではないので、(A)は不
正解です。

YouTubeのビジネスモデルの利点は、第2段落の終わり、
This revenue-sharing model has not only attracted more
creators but has also encouraged them to upload higher
quality content, which in turn attracts more viewers and
helps the company maintain a competitive edge.（この収

益分配モデルは、より多くのクリエイターを引き付けるだけでなく、より高い品質のコンテンツをアップロードすることを奨励し、それはさらにより多くの視聴者を引き付け、会社が競争力を維持するのに役立っている）にまとめられている。(A)はhas also encouraged them to upload higher quality content（より高い品質のコンテンツをアップロードすることを奨励する）、(B)はwhich in turn attracts more viewers（それはさらにより多くの視聴者を引き付ける）、(C)はhelps the company maintain a competitive edge（会社が競争力を維持するのに役立っている）にそれぞれ対応している。filmmakers（映画製作者）とmovie producers（映画プロデューサー）に関する記述はないので、(D) It gives filmmakers exposure to movie producers.（映画製作者に映画プロデューサーの目に触れる機会を与える）が正解。

 NOT問題ですが、関連する情報が1つの文に集約されているので、解きやすかったと思います。

58. 正解 (D)

設問中のchallengeは、「困難を伴う課題、やるのが難しいこと」を意味する。第3段落に、People attempting to build one and turn it into a profitable business should expect a long, arduous process.（チャンネルを構築して収益性の高いビジネスに育てようとする人たちは、長く困難なプロセスを予期しておくべきである）とあるので、(D) Making a successful YouTube channel（成功するYouTubeチャンネルを作ること）が正解。

 arduous（困難な）は、あまり馴染みのない単語かもし

れません。言い換え表現もストレートではないので、難しい問題でした。

第4段落に、It has positively impacted society in other ways as well. Although countless YouTube videos are posted solely to entertain, many are made to educate. (それは、他の面でも社会にプラスの影響を与えている。無数のYouTube動画が娯楽を与えるためだけに投稿されているが、教育目的で作られているものも多くある) とある。YouTubeは、教育のために作られた多くの動画によって社会にプラスの影響を与えていると述べているので、(B) By serving as a platform for teaching and learning (教育と学習のためのプラットフォームとして機能することによって) が正解。

😀 本文のhas positively impacted society (社会にプラスの影響を与えている) が設問ではcontributed to society (社会に貢献してきた) に言い換えられています。society (社会) という語が答えを導く手掛かりになっています。

挿入文は、These individuals have to create appealing, professional-looking content. (これらの人たちは、魅力的でプロ並みのコンテンツを作成する必要がある) で、このThese individuals (これらの人たち) は、コンテンツ作りをしているYouTuberを指すので、前にYouTuberについての

記述が必要である。第3段落冒頭から [3] の前までは、You-Tuberについて述べているので、[3] が挿入位置として適切。ここに入れると、前の文のPeople attempting to build one and turn it into a profitable business（チャンネルを構築して収益性の高いビジネスに育てようとする人たち）を挿入文のThese individuals（これらの人たちは）が受ける形となり、上手くはまる。

😎 YouTuberについての記述は、第3段落のみなので、そこに気が付けば比較的易しい問題だったかもしれません。

語句

- □ **collaboration** 名 コラボレーション、共同制作
- □ **creativity** 名 創造性
- □ **platform** 名 プラットフォーム、（情報配信を行うための基盤となる）環境
- □ **launch** 動 設立する
- □ **receive** 動 得る
- □ **view** 名 （動画）視聴
- □ **per day** 1日あたり
- □ **it is no wonder that ～** ～は不思議ではない
- □ **acquire** 動 買収する
- □ **eye-popping** 形 目を見張る
- □ **figure** 名 額
- □ **startup** 名 スタートアップ、新規立ち上げの企業
- □ **nonetheless** 副 それにもかかわらず
- □ **arguably** 副 ほぼ間違いなく、議論の余地はあるかもしれないが
- □ **tech** 形 テクノロジー関連の
- □ **deal** 名 取引

- □ **in history**　史上
- □ **after all**　結局
- □ **search engine**　検索エンジン
- □ **upload**　動 アップロードする
- □ **air**　動 放送する
- □ **past**　形 過去の
- □ **bulk of 〜**　〜の大部分
- □ **revenue**　名 収益
- □ **advertising**　名 広告
- □ **perhaps**　副 おそらく
- □ **nurture**　動 育む
- □ **close**　形 親密な
- □ **relationship**　名 関係
- □ **that is**　すなわち
- □ **content creator**　コンテンツ制作者
- □ **revenue-sharing model**　利益分配モデル
- □ **attract**　動 引き付ける
- □ **encourage**　動 奨励する
- □ **in turn**　同様に、次に
- □ **maintain**　動 維持する
- □ **competitive**　形 競争の
- □ **competitive edge**　競争力、競争における優位性
- □ **attempt to 〜**　〜しようとする、〜しようと努力する
- □ **turn A into B**　AをBに変える
- □ **profitable**　形 収益性の高い
- □ **expect**　動 予期する
- □ **arduous**　形 困難な
- □ **on top of that**　それに加え
- □ **promote**　動 宣伝する
- □ **engage with 〜**　〜と交流する
- □ **continually**　副 継続的に
- □ **monetize**　動 収益化する

- **combination** 名 組み合わせ
- **positively** 副 プラスに
- **impact** 動 影響を与える
- **countless** 形 無数の
- **solely** 副 ～だけに
- **entertain** 動 楽しませる、娯楽を与える
- **educate** 動 教育する
- **range** 動 広がる、わたる
- **how-to advice** やり方のアドバイス
- **lecture** 名 講義
- **evolve** 動 進化する
- **deliver** 動 提供する
- **value** 名 価値
- **entertainment** 名 娯楽
- **education** 名 教育
- **undoubtedly** 副 間違いなく
- **long** 副 長く
- **remain** 動 ～であり続ける
- **discover** 動 発見する
- **state** 動 述べる
- **prohibit** 動 禁止する
- **monetization** 名 収益化
- **start off as ～** ～として始まる
- **gaming** 形 ゲームの
- **mention** 動 述べる
- **advantage** 名 利点
- **generate** 動 生み出す
- **increase** 名 増加
- **outperform** 動 ～をしのぐ
- **competitor** 名 競合相手、ライバル会社
- **filmmaker** 名 映画製作者
- **exposure** 名 触れること、露出

- □ **according to 〜**　〜によると
- □ **challenge**　名 やるのが難しいこと、困難を伴う課題
- □ **notify**　動 通知する
- □ **subscriber**　名（YouTubeチャンネルの）登録者
- □ **develop**　動 開発する
- □ **unique**　形 独自の
- □ **collaborate**　動 共同で取り組む
- □ **successful**　形 成功する
- □ **contribute**　動 貢献する
- □ **create**　動 生み出す
- □ **numerous**　形 多数の
- □ **serve**　動 機能する
- □ **influence**　動 影響を与える
- □ **increase**　動 高める
- □ **awareness**　名 意識
- □ **social justice**　社会正義
- □ **issue**　名 問題
- □ **individual**　名 個人
- □ **appealing**　形 魅力的な
- □ **professional-looking**　形 プロ並みの、プロのように見える

問題56〜60は次の記事に関するものです。

YouTube——創造性とコミュニティのコラボレーション

オンライン動画プラットフォームのYouTubeは、2005年のバレンタインデーに設立され、わずか1年後には1日あたり1億回の動画視聴数を得ていた。Googleが2006年に、16億5000万ドルでこのサイトを買収したのも不思議はなく、それはスタートアップ企業に支払うには目を見張る額であったが、ほぼ間違いなく史上最高のテクノロジー関連の取引であった。結局、YouTubeは現在、年間200億ドルの収益を上げる、世界をリードする動画検索エンジンになった。実際、過去60年間に米国の3大テレビネットワークで放映されたものよりも量が多い動画が60日ごとにそのサイトにアップロードされている。

YouTubeの収益の大部分は、広告によるものである。そして、おそらくその誕生日がバレンタインデーでもあるため、同社はパートナーと非常に緊密な関係を育んでいる。すなわち、広告収入の一部をコンテンツ制作者へ提供している。この収益分配モデルは、より多くのクリエイターを引き付けるだけでなく、より高い品質のコンテンツをアップロードすることを奨励し、それはさらにより多くの視聴者を引き付け、会社が競争力を維持するのに役立っている。

YouTuberと呼ばれるこれらのコンテンツクリエーターの中には、YouTubeチャンネルで数千万から数億米ドルを稼いだ人もいる。チャンネルを構築して収益性の高いビジネスに育てようとする人たちは、長く困難なプロセスを予期しておくべきである。これらの人たちは、魅力的でプロ並みのコンテンツを作成する必要がある。それに加え、人々がさらなるコンテンツを求めて常に戻ってくるように、チャンネルを宣伝し、視聴者と交流し、そしてこれらすべてを継続的に行う必要がある。

YouTubeチャンネルの収益化には、時間、忍耐、そして（一部の人が言うには）運の組み合わせが必要であるが、プラットフォーム用のコンテンツを作成することは、多くの人にとってキャリアとなっている。それは、他の面でも社会にプラスの影響を与えている。無数のYouTube動画が娯楽を与えるためだけに投稿されているが、教育目的で作られているものも多くある。内容は、ほとんどあらゆる事のやり方のアドバイスから語学コースや大学の講義まで多岐にわたる。エンターテインメントであれ教育であれ、会社が進化し、より多くの価値を提供し続けるにつれて、YouTubeは間違いなく、動画コンテンツを作成、共有、発見するための世界最大のプラットフォームであり続けるであろう。

56. YouTubeの歴史について何が述べられていますか。

    (A) バレンタインデーにGoogleに買収された。

    (B) 以前は動画の収益化を禁止していた。

    (C) 16億5000万ドルでGoogleによって購入された。

    (D) オンラインゲームサービスとして始まった。

57. YouTubeのビジネスモデルの利点として述べられていないものはどれですか。

    (A) 質の高い動画をアップロードするように奨励する。

    (B) 視聴者数の増加を促進する。

    (C) 運営会社が競合企業をしのぐのを助ける。

    (D) 映画製作者に映画プロデューサーの目に触れる機会を与える。

58. 記事によると、難しくなる可能性があることは何ですか。

    (A) 動画のアップロードをチャンネル登録者に通知すること

    (B) 独自のマーケティングコンセプトを開発すること

    (C) プロジェクトにYouTuberと共同で取り組むこと

    (D) 成功するYouTubeチャンネルを作ること

59. 記事によると、YouTubeはどのように社会に貢献してきましたか。

   (A) 広告業界で多数の雇用を生み出すことによって

   (B) 教育と学習のためのプラットフォームとして機能することによって

   (C) 人気のSNSに影響を与えることによって

   (D) 社会正義の問題に対する意識を高めることによって

60. [1]、[2]、[3]、[4]と記載された箇所のうち、次の文が入るのに最もふさわしいのはどれですか。

   「これらの人たちは、魅力的でプロ並みのコンテンツを作成する必要がある」

   (A) [1]

   (B) [2]

   (C) [3]

   (D) [4]

13

Questions 61–65 refer to the following article. ◀ 13

 # BRAZIL—A FOOD PRODUCTION GIANT

In only a few decades, Brazil has developed into one of the world's largest food producers. Among grain exporters, it could become the biggest in the next few years, having already caught up with the United States, Russia, the European Union, Ukraine, and Australia. This tropical country also increased its beef exports tenfold in ten years, and it now boasts the world's largest number of cattle after India while overtaking Australia as the world's top beef exporter. What is more, Brazil has become the number one exporter of poultry, sugarcane, and soybeans.

To understand how this South American nation succeeded in its incredible transformation, first consider that it has more farmland than any other country on the planet. It uses around 170 million hectares of arable land out of the 600 million it has. And while many think that Brazil has leveled large parts of its rainforest for this land, most of it is actually found south of the Amazon, in an area called the Cerrado.

But there is something else even more essential to Brazil's transformation. This is Embrapa, another name for the Brazilian Agricultural Research Corporation, which made the Cerrado green. The company has turned itself into the world's leading research institution in the tropics and does everything from breeding cattle and developing seeds to running a nanotechnology laboratory. Its main achievement, however, has been making soil and crops productive in the Cerrado.

Embrapa has done this by crossbreeding species of an African grass called *Brachiaria*. Its creation now thrives in Cerrado soil, resulting in much greater yields. This means that the region has become pastureland, making possible the remarkable expansion of Brazil's beef herd.

Embrapa also turned soybeans, native to East Asia, into a Brazilian crop. Again through crossbreeding, the institution found a way to make soybeans grow in tropical climates and the very hot Cerrado region.

These are just a few examples of how Embrapa helped turn Brazil into one of the world's largest food producers. The question now is whether the wonders performed in the Cerrado can be repeated in Africa, where the potential for another food production giant almost certainly lies.

61. What is the main purpose of the article?

(A) To report on increases of grain exports to South America

(B) To describe Embrapa's rise as a major global corporation

(C) To explain how Brazil has become a major food producer

(D) To criticize some new farming methods in South America

62. What is stated in the article?

(A) Australia was once the leading beef exporter.

(B) Russia has half the amount of farmland as Brazil.

(C) India used to have more cattle than any other country.

(D) Ukraine is the fourth biggest grain exporter worldwide.

63. According to the article, what is true about Brazil?

(A) It cuts down forests to make land suitable for grazing.

(B) It successfully crossbred several varieties of sugarcane.

(C) It intends to expand its organic fertilizer market.

(D) It uses only a portion of its arable land for agriculture.

64. Where did soybeans originally come from?

(A) Africa
(B) Asia
(C) Europe
(D) South America

65. According to the article, what did the Brazilian Agricultural Research Corporation do?

(A) It took over a highly successful tropical research institution.
(B) It introduced a South American plant to regions of Africa.
(C) It conducted a survey on Brazilian farming techniques.
(D) It developed a way to make some plants grow in Brazil.

この記事では、ブラジルが世界有数の食糧生産国になった背景が説明されている。よって、(C) To explain how Brazil has become a major food producer (ブラジルがどのように主要な食糧生産国になったか説明すること) が正解。

producerは、日本語では「人」を表しますが、英語では、「(番組等の) プロデューサー」といった「人」以外に、このような「(会社・地域・国等、モノを生産・栽培する) 生産者、生産地」も表します。

第1段落後半に、overtaking Australia as the world's top beef exporter (オーストラリアを抜いて世界最大の牛肉輸出国となった) とある。ここからブラジルが抜く前は、オーストラリアが世界最大の牛肉輸出国であったとわかるので、(A) Australia was once the leading beef exporter. (オーストラリアは、かつて1番の牛肉輸出国であった) が正解。

overtake は「追い抜く」という意味です。F1のTV中継でも、前の車を追い抜く際に、「オーバーテイク」という言葉が使われます。leadingは、「有数の、一流の」という意味の他に「1番の」という意味があり、topの同義語になります。

(C)のused to ～は、「かつて～していた」という意味で、過去にしていて今はもうしてないことを表します。インドは現在、他のどの国より多くの畜牛を保有しているの

で、(C)は不正解です。ウクライナは、第1段落の前半
の穀物輸出国が列記されている部分で4番目に出ていま
すが、穀物輸出量が世界第4位であるとは、述べられて
いません。

63. 正解 (D)

第2段落に、It uses around 170 million hectares of arable
land out of the 600 million it has.(同国は、6億ヘクター
ルの耕作可能地のうち、約1億7千万ヘクタールを使ってい
る)とある。よって、(D) It uses only a portion of its ar-
able land for agriculture.(耕作可能地の一部しか農業に利
用していない)が正解。

 これも本文の内容に合う選択肢を選ぶ問題でした。国
全体に6億ヘクタールの耕作可能地があり、そのうちの
約1億7千万ヘクタールしか使っていないということは、
「一部しか利用していない」と言えます。

64. 正解 (B)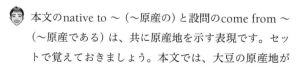

第5段落冒頭に、Embrapa also turned soybeans, native
to East Asia, into a Brazilian crop.(また、Embrapaは、東
アジア原産の大豆をブラジルの農産物にした)とある。よっ
て、(B) Asia(アジア)が正解。

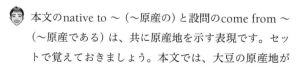 本文のnative to ~(~原産の)と設問のcome from ~
(~原産である)は、共に原産地を示す表現です。セッ
トで覚えておきましょう。本文では、大豆の原産地が

East Asia（東アジア）になっていますが、それはアジアの一部なので、(B)のように言い換えることができます。

65. 正解 (D)

第3段落のThis is Embrapa, another name for the Brazilian Agricultural Research Corporation（それはEmbrapaで、これはBrazilian Agricultural Research Corporation（ブラジル農牧研究公社）の別称である）から、Embrapaは、Brazilian Agricultural Research Corporation（ブラジル農牧研究公社）の別称であることがわかる。第4段落に、Embrapa has done this by crossbreeding species of an African grass called *Brachiaria*. Its creation now thrives in Cerrado soil, resulting in much greater yields.（Embrapaは、Brachiariaと呼ばれるアフリカ産の草の種を異種交配させることによって、これを成し遂げた。それによって作られた新種が現在、Cerradoの土壌で繁栄し、大幅な産出量増加につながっている）とある。また第5段落に、Embrapa also turned soybeans, native to East Asia, into a Brazilian crop. Again through crossbreeding, the institution found a way to make soybeans grow in tropical climates and the very hot Cerrado region.（また、Embrapaは、東アジア原産の大豆をブラジルの農産物にした。この場合も異種交配を通じて、同公社は大豆を熱帯気候で非常に暑いCerrado地域で生育させる方法を見つけた）とある。Embrapaは、アフリカ産の草と大豆をブラジルでも育つように改良したので、(D) It developed a way to make some plants grow in Brazil.（ある種の植物をブラジルで生育させる方法を開発した）が正解。

第5段落のa way to make soybeans grow in tropical climates and the very hot Cerrado region と選択肢のa way to make some plants grow in Brazil が対応しているので、ここの部分からだけでも答えを選べます。

語句

- □ **food production** 食糧生産
- □ **giant** 名 大国
- □ **decade** 名 10年
- □ **develop** 動 成長する
- □ **grain** 名 穀物
- □ **exporter** 名 輸出国 反 importer 輸入国
- □ **catch up with ～** ～に追いつく
- □ **tropical** 形 熱帯の
- □ **increase** 動 増やす
- □ **export** 名 輸出 反 import 輸入
- □ **tenfold** 副 10倍に
- □ **boast** 動 誇る
- □ **cattle** 名 畜牛
- □ **while** 接 ～と同時に、～の一方で
- □ **overtake** 動 抜く（過去形はovertook、過去分詞はovertaken）
- □ **what is more** その上
- □ **poultry** 名 鳥肉（ニワトリやアヒルなどの食用肉）
- □ **sugarcane** 名 サトウキビ
- □ **soybean** 名 大豆
- □ **succeed** 動 成功する
- □ **incredible** 形 驚くべき
- □ **transformation** 名 変容

□ **consider** 動 考慮する

□ **farmland** 名 農地

□ **arable** 形 耕作可能な

□ **level** 動 整地する、平らにする

□ **rainforest** 名 熱帯雨林

□ **essential** 形 とても重要な

□ **turn A into B** AをBに変える

□ **leading** 形 有数の、一番の

□ **institution** 名 機関

□ **the tropics** 熱帯地方

□ **breed** 動 交配させる（過去形・過去分詞はbred）

□ **nanotechnology** 名 ナノテクノロジー

□ **laboratory** 名 研究所

□ **achievement** 名 功績 同 accomplishment

□ **soil** 名 土壌

□ **crop** 名 作物

□ **productive** 形 生産性の高い

□ **crossbreed** 動 異種交配させる（過去形・過去分詞は crossbred）

□ **creation** 名 作り出された物

□ **thrive** 動 繁栄する

□ **result in ～** ～につながる

□ **yield** 名 産出量

□ **region** 名 地域

□ **pastureland** 名 牧草地

□ **remarkable** 形 目覚ましい

□ **expansion** 名 拡張

□ **herd** 名 群れ

□ **native to ～** ～原産の

□ **find a way to ～** ～する方法を見つける

□ **climate** 名 気候

□ **wonder** 名 奇跡、驚くべき出来事

□ **perform** 動 行う

□ **repeat** 動 再び行う

□ **potential** 名 潜在力

□ **lie** 動 存在する（過去形はlay、過去分詞はlain）

□ **report** 動 伝える

□ **describe** 動 説明する 同 explain

□ **global corporation** 世界的企業

□ **explain** 動 説明する 同 describe

□ **criticize** 動 批判する

□ **farming method** 農法

□ **state** 動 述べる

□ **used to ～** かつて～していた

□ **worldwide** 副 世界中で

□ **suitable** 形 適した

□ **grazing** 名 牧草地

□ **successfully** 副 上手く

□ **several varieties of ～** 数種類の～

□ **intend to ～** ～しようとする

□ **expand** 動 拡張する

□ **organic** 形 有機の

□ **fertilizer** 名 肥料

□ **a portion of ～** ～の一部

□ **agriculture** 名 農業

□ **originally** 副 元々

□ **come from ～** ～原産である

□ **take over ～** ～を引き継ぐ

□ **highly** 副 非常に

□ **successful** 形 成功している

□ **introduce** 動 導入する

□ **conduct** 動 行う 同 carry out

□ **survey** 名 調査

□ **farming technique** 農業技術

問題61〜65は次の記事に関するものです。

食糧生産大国ブラジル

わずか数十年で、ブラジルは世界最大級の食糧生産国の1つへと成長した。穀物輸出国の中では、すでに米国、ロシア、欧州連合、ウクライナ、オーストラリアに追い付き、数年後には世界最大になり得る。この熱帯国は、牛肉の輸出を10年で10倍に増やし、インドに次いで世界最大級の畜牛数を誇ると同時に、オーストラリアを抜いて世界最大の牛肉輸出国となった。その上、ブラジルは、鳥肉、サトウキビ、大豆の世界一の輸出国になった。

この南米の国家がどのようにその驚くべき変容に成功したかを理解するには、まずこの国が地球上の他のどの国よりも広い農地を有していることを考慮しなくてはならない。同国は、6億ヘクタールの耕作可能地のうち、約1億7千万ヘクタールを使っている。そして、多くの人々が、ブラジルは熱帯雨林の広範囲をその土地のために整地したと思っている一方、実はその大部分がアマゾンの南のCerrado（セラード）と呼ばれる地域にある。

しかし、ブラジルの変容にとってより重要なものが他にある。それは、Cerradoを緑地にしたEmbrapaで、これはBrazilian Agricultural Research Corporation（ブラジル農牧研究公社）の別称である。同公社は、自らを世界有数の熱帯地方の研究機関へと発展させ、牛の交配や種子の開発からナノテクノロジー研究所の運営まであらゆることを行っている。しかし、その主な功績は、Cerradoにおける土壌と農作物の生産性を高めたことである。

Embrapaは、Brachiariaと呼ばれるアフリカ産の草の種を異種交配させることによって、これを成し遂げた。それによって作られた新種が現在、Cerradoの土壌で繁栄し、大幅な産出量増加

につながっている。これはこの地域が放牧地になったということを意味し、ブラジルの肉牛群の目覚ましい拡張を可能にした。

また、Embrapaは、東アジア原産の大豆をブラジルの農産物にした。この場合も異種交配を通じて、同公社は大豆を熱帯気候で非常に暑いCerrado地域で生育させる方法を見つけた。

これらは、Embrapaがどのようにブラジルを世界最大級の食糧生産国の1つになることに寄与したのかを示すほんの数例にすぎない。現在の問いは、Cerradoで行われた奇跡が、さらなる食糧生産大国になる潜在力がほぼ確実に存在するアフリカでも再び起こり得るかという点である。

61. 記事の主な目的は何ですか。

　　(A) 南米への穀物輸出の増加を伝えること

　　(B) Embrapaの大手世界的企業としての台頭を説明すること

　　(C) ブラジルがどのように主要な食糧生産国になったか説明すること

　　(D) 南米のいくつかの新しい農法を批判すること

62. 記事で何が述べられていますか。

　　(A) オーストラリアは、かつて1番の牛肉輸出国であった。

　　(B) ロシアは、ブラジルの半分の広さの農地を有する。

　　(C) インドは、かつて他のどの国より多くの畜牛を保有していた。

　　(D) ウクライナは、世界で第4位の穀物輸出国である。

63. 記事によると、ブラジルについて正しいことは何ですか。

(A) 放牧地に適した土地を作るために森を伐採した。
(B) 数種類のサトウキビを上手く異種交配させた。
(C) 有機肥料市場を拡張しようとしている。
(D) 耕作可能地の一部しか農業に利用していない。

64. 大豆は元々どこの原産ですか。

(A) アフリカ
(B) アジア
(C) 欧州
(D) 南米

65. 記事によると、ブラジル農牧研究公社は何をしましたか。

(A) 非常に成功していた熱帯研究機関を引き継いだ。
(B) 南米の植物をアフリカの地域に導入した。
(C) ブラジルの農業技術について調査を行った。
(D) ある種の植物をブラジルで生育させる方法を開発した。

14

Questions 66–70 refer to the following article. 🔊 14

LIVING OFF THE GRID

The percentage of the worldwide population with access to electricity has steadily increased over the past several decades. Countless people living in developed countries have long taken a reliable supply of electrical power for granted. — [1] —. Still, some choose to live off the grid, preferring not to be dependent on public utilities to meet their energy needs.

— [2] —. If making power at home were easy, it would be much more common. However, producing enough electricity for refrigerators, washers, dryers, and other appliances requires equipment, such as hi-tech solar panels, wind turbines, battery banks, and generators. Those who need to generate their own electricity must have the technical know-how to set up, run, and maintain such equipment.

People who live off the grid also have to conserve the energy they produce. They must take care not to set the thermostat too high or too low and must make sure to turn off lights and appliances immediately after use. Moreover, these individuals are at the mercy of the elements. The wind can die down or stop altogether, bringing a wind turbine to a standstill. Similarly, a lack of sunshine renders a solar panel virtually useless. Since people cannot always count on these technologies, a gasoline generator is indispensable for providing enough power to see them through.

Many people also fail to realize that, while wind and sunlight are free, producing usable electricity by these means still costs more than purchasing it directly from a utility company. — [3] —. A kilogram of solar array is around $6,000, and a wind turbine on a fifteen-meter tower will run upwards of $5,000. Then there's the $3,000 inverter, which converts the solar energy into the right type of current for the electrical grid, and solar batteries, which range from $5,000 to $7,000. All in all, the equipment costs about $30,000, and that's not including installation fees.

Given our current technologies, producing energy at home is not as simple or cost efficient as many of us may think. — [4] —. Yet it does become easier every year, as advances in technology unceasingly take us forward into the future.

66. What is NOT mentioned as necessary for living off the grid?

(A) Possessing specific types of equipment

(B) Making attempts to conserve electricity

(C) Having a degree of technical knowledge

(D) Securing access to a reliable water source

67. According to the article, why is making electricity at home uncommon?

(A) It is rarely permitted.

(B) It is very dangerous.

(C) It is difficult to do.

(D) It is highly regulated.

68. What is suggested about gasoline generators?

(A) They are necessary under certain weather conditions.

(B) They have a relatively low installation cost.

(C) They should be operated in cool temperatures.

(D) They are being redesigned to reduce emissions.

69. According to the article, how much does an inverter cost?

(A) $3,000
(B) $5,000
(C) $6,000
(D) $8,000

70. In which of the positions marked [1], [2], [3], and [4] does the following sentence best belong?

"Living off the grid sounds ideal to many people."

(A) [1]
(B) [2]
(C) [3]
(D) [4]

(D) Securing access to a reliable water source (信頼できる水源へのアクセスを確保する) に対応する記述はないので、これが正解。(A)は第2段落のproducing enough electricity for refrigerators, washers, dryers, and other appliances requires equipment (冷蔵庫、洗濯機、乾燥機、その他の電化製品に十分な電力を作り出すには、機器が必要となる)、(B)は第3段落のPeople who live off the grid also have to conserve the energy they produce. (また、オフグリッド生活をする人は、彼らが生み出すエネルギーを節約しなければならない)、(C)は第2段落のThose who need to generate their own electricity must have the technical know-how (自分自身の電力を生み出す必要がある人は、技術的ノウハウを持っていなければならない) に対応している。

選択肢を1つずつ本文と照らし合わせて確認していく必要のあるNOT問題は、解くのに時間がかかります。各々の選択肢を確認している時間がないときは、明らかに本文の内容と矛盾しているものや、趣旨にそぐわないもの、異質なものを選びましょう。

第2段落に、If making power at home were easy, it would be much more common. (もし、自宅で電力を作ることが容易であるなら、それははるかに一般的なものになるだろう) とある。これは、自宅での発電は容易ではないので一般的になっていないという意味になるため、(C) It is difficult to do.（行うのが難しい）が正解。

 If 主語 were 〜の形は仮定法過去と呼ばれ、現実とは
異なることを示すのに使われます。If making power
at home were easy（もし、自宅で電力を作ることが容
易であるなら）は、「自宅で電力を作ることは容易では
ない」という現実があり、それとは逆の状況を仮定して
います。仮定法過去では、if節の主語が単数形であって
も、be動詞はwereになるのが普通です。

68. 正解 (A)

第3段落に、these individuals are at the mercy of the
elements. The wind can die down or stop altogether,
bringing a wind turbine to a standstill. Similarly, a lack
of sunshine renders a solar panel virtually useless.（こ
れらの人たちは自然の力に翻弄される。風は弱まったり、完
全に止まったりするので、そうすると風力タービンは停止状
態になる。同様に、日光の不足は、ソーラーパネルを実質的
に役に立たない状態にさせる）とあり、Since people can-
not always count on these technologies, a gasoline
generator is indispensable for providing enough power
to see them through.（人々はこれらの技術を常に当てにす
ることができないので、ガソリン発電機は彼らが乗り切るの
に十分な電力を供給するために不可欠である）と続いている。
気候条件によって左右される風力タービンや日光パネルで
発電ができない時にガソリン発動機が必要ということなので、
(A) They are necessary under certain weather conditions.
（特定の気象条件下で必要である）が正解。

本文の indispensable（不可欠な）が選択肢では neces-
sary（必要な）に言い換えられています。indispensable
の反意語は dispensable（不要な、重要でない）で、接
頭語の in- はここでは not の意味です。また、essential
（不可欠な、必須の）も indispensable や necessary の同
義語になりますので、一緒に覚えましょう。

69. 正解 (A)

第4段落に、Then there's the $3,000 inverter, which con-
verts the solar energy into the right type of current for
the electrical grid（次に、太陽エネルギーを電力系統に適
したタイプの電流に変換する3,000ドルのインバーターがあ
る）とある。ここから inverter（インバーター：電気の直流を
交流に戻す装置）の価格が3,000ドルであるとわかるので、
(A) $3,000 が正解。

第4段落に $3,000、$5,000、$6,000、$7,000、$30,000
といった価格が出てきますが、ここで問われているのは、
inverter（インバーター）の価格でした。inverter という
語の直前に $3,000 とあるので、見つけやすかったと思
います。

70. 正解 (B)

挿入文の Living off the grid sounds ideal to many people.
（オフグリッド生活は、多くの人にとって理想的に聞こえる）
を [2] に入れると、続く If making power at home were
easy, it would be much more common.（もし、自宅で電

力を作ることが容易であるなら、それははるかに一般的なものになるだろう）のitがliving off the grid（オフグリッド生活）を受け、「自宅で電力を作ることが容易であるなら、オフグリッド生活ははるかに一般的なものになるだろう」となり、上手くつながる。

 itがフックになっていますが、あまり目立たないので、わかりにくかったかもしれません。挿入位置がはっきりわからない場合は、挿入文を[1]から順番に入れてみてください。そして、文意を考えて、適切な場所を見つけましょう。

- □ **supply** 名 供給
- □ **electrical** 形 電気の
- □ **electrical power** 電力
- □ **prefer** 動 好む
- □ **dependent on 〜** 〜に依存している
- □ **public utility** 公益事業
- □ **meet** 動 満たす
- □ **energy needs** エネルギーの必要量
- □ **common** 形 一般的な
- □ **produce** 動 作り出す
- □ **enough** 形 十分な
- □ **refrigerator** 名 冷蔵庫
- □ **washer** 名 洗濯機
- □ **dryer** 名 乾燥機
- □ **appliance** 名 電化製品
- □ **require** 動 必要とする
- □ **equipment** 名 機器
- □ **hi-tech** 形 ハイテクの
- □ **solar panel** ソーラーパネル
- □ **wind turbine** 風力タービン
- □ **battery bank** 蓄電池
- □ **generator** 名 発電機
- □ **generate** 動 生み出す
- □ **technical** 形 技術的な
- □ **set up** 設置する
- □ **maintain** 動 維持する
- □ **conserve** 動 節約する
- □ **thermostat** 名 サーモスタット
- □ **make sure to 〜** 必ず〜する
- □ **immediately** 副 すぐに
- □ **after use** 使用後

□ **moreover** 副 さらに

□ **individual** 名 個人

□ **at the mercy of the elements** 自然の力に翻弄された

□ **die down** 弱まる

□ **altogether** 副 完全に

□ **bring A to ～** Aを～の状態にさせる

□ **standstill** 名 停止状態

□ **similarly** 副 同様に

□ **lack of ～** ～の不足

□ **render A ～** Aを～の状態にする

□ **virtually** 副 実質的に

□ **useless** 形 役に立たない

□ **count on ～** ～を当てにする

□ **gasoline generator** ガソリン発電機

□ **indispensable** 形 不可欠な 同 necessary, essential

□ **provide** 動 供給する

□ **see ～ through** ～に (困難を) 乗り切らせる

□ **fail** 動 失敗する

□ **realize** 動 気付く

□ **usable** 形 使用可能な

□ **means** 名 方法

□ **purchase** 動 購入する

□ **directly** 副 直接

□ **utility company** 公益事業会社

□ **solar array** 太陽電池アレイ

□ **around** 副 約

□ **run** 動 (値段が) かかる

□ **upwards of ～** ～以上

□ **inverter** 名 インバーター (電気の直流を交流に戻す装置)

□ **convert** 動 変換する

□ **current** 名 電流

□ **electrical grid**　電力系統
□ **all in all**　合計で
□ **include**　動　含む
□ **installation**　名　設置
□ **fee**　名　費用
□ **given**　前　～を考えると
□ **efficient**　形　効率の良い
□ **yet**　副　それでも
□ **advance**　名　進歩
□ **unceasingly**　副　絶えず
□ **mention**　動　述べる
□ **necessary**　形　必要な
□ **possess**　動　所有する
□ **specific**　形　特定の
□ **make an attempt**　努力する
□ **a degree of ～**　ある程度の～
□ **secure**　動　確保する
□ **uncommon**　形　珍しい
□ **rarely**　副　ほとんど～ない
□ **permit**　動　許可する
□ **dangerous**　形　危険な
□ **highly**　副　厳しく
□ **regulate**　動　規制する
□ **suggest**　動　示唆する
□ **certain**　形　特定の
□ **weather condition**　気象条件
□ **relatively**　副　比較的
□ **installation cost**　設置費用
□ **operate**　動　作動させる
□ **redesign**　動　再設計する
□ **reduce**　動　減らす
□ **emission**　名　排出物

問題66〜70は次の記事に関するものです。

オフグリッド生活

電気を利用できる世界的な人口の割合は、過去数十年にわたって着実に増加している。先進国に住む数えきれないほどの人々は、長い間、信頼できる電力供給を当然のことと考えてきた。それでも、一部の人々はエネルギーの必要量を満たすために公益事業に依存しないことを好み、オフグリッド生活を選択している。

オフグリッド生活は、多くの人にとって理想的に聞こえる。もし、自宅で電力を作ることが容易であるなら、それははるかに一般的なものになるだろう。しかし、冷蔵庫、洗濯機、乾燥機、その他の電化製品に十分な電力を作り出すには、ハイテクソーラーパネル、風力タービン、蓄電池、発電機などの機器が必要となる。自分自身の電力を生み出す必要がある人は、そのような機器を設置、運転、維持するための技術的ノウハウを持っていなければならない。

また、オフグリッド生活をする人は、彼らが生み出すエネルギーを節約しなければならない。サーモスタットの設定が高過ぎず、かつ低過ぎないように注意し、照明や電化製品を使用後、必ずすぐに消す必要がある。さらに、これらの人たちは自然の力に翻弄される。風は弱まったり、完全に止まったりするので、そうすると風力タービンは停止状態になる。同様に、日光の不足は、ソーラーパネルを実質的に役に立たない状態にさせる。人々はこれらの技術を常に当てにすることができないので、ガソリン発電機は彼らが乗り切るのに十分な電力を供給するために不可欠である。

また、風と太陽光は無料であるが、これらの手段で使用可能な電力を生み出すことは、公益事業会社から直接購入するよりもコ

ストがかかることに多くの人は気付いていない。1キロの太陽電池アレイは約6,000ドルで、15メートルのタワーに付いた風力タービンは5,000ドル以上する。次に、太陽エネルギーを電力系統に適したタイプの電流に変換する3,000ドルのインバーターと、5,000ドルから7,000ドルの範囲の太陽電池がある。合計で、機器には約30,000ドルかかり、そしてそれは設置費用を含んでいない。

現在の技術を考えると、家庭でエネルギーを生産することは、我々の多くが考えるほど単純でもなく費用効率も良くない。それでも、技術の進歩が絶えず我々を未来へと前進させているので、それは毎年、より容易になっている。

66. オフグリッド生活をするために必要なこととして述べられていないのはどれですか。

   (A) 特定の種類の機器を所有している
   (B) 電気を節約する努力をする
   (C) ある程度の技術的知識を持っている
   (D) 信頼できる水源へのアクセスを確保する

67. 記事によると、なぜ家庭で電気を作るのは珍しいのですか。

   (A) 許可されることがほとんどない。
   (B) 非常に危険である。
   (C) 行うのが難しい。
   (D) 厳しく規制されている。

68. ガソリン発電機について何が示唆されていますか。

   (A) 特定の気象条件下で必要である。
   (B) 設置費用が比較的安い。
   (C) 低温で作動させる必要がある。
   (D) 排出物を減らすために再設計されているところである。

69. 記事によると、インバーターはいくらかかりますか。

    (A) 3,000 ドル
    (B) 5,000 ドル
    (C) 6,000 ドル
    (D) 8,000 ドル

70. [1]、[2]、[3]、[4] と記載された箇所のうち、次の文が入るのに最もふさわしいのはどれですか。

    「オフグリッド生活は、多くの人にとって理想的に聞こえる」

    (A) [1]
    (B) [2]
    (C) [3]
    (D) [4]

15

Questions 71–75 refer to the following article. ◀ 15

Dawn of the Personal Computer

Imagining work or study without a personal computer (PC) is impossible for many of us in this day and age, yet PCs have only been around for a few decades. So, what first steps led to the modern-day need for these machines?

Even though it was not the first computer ever made, the MITS Altair 8800, introduced as a microcomputer in 1975, certainly got the ball rolling toward the PCs we use today. This computer kit was advertised in technology magazines and sold by mail order. Expecting only to sell a few hundred, the creators sold thousands in just a few weeks, with many customers opting for the already assembled version over the build-it-yourself kit. The kit price was $439; to have it put together before shipping cost nearly $200 more.

It had also become clear that many people wanted PCs for their functionality and novelty, which the Altair 8800 makers had not expected. A potentially giant market had presented itself, and in the same year the Altair 8800 was released, other important developments in the early evolution of PCs were gaining pace. An 8-bit microprocessor, the Zilog Z80, was being created, which would be released the following year and widely used in PCs all the way up to the mid-80s. Another 8-bit microprocessor being developed was the 6502 by MOS Technology. Bill Gates and Paul Allen were also at work that year writing a BASIC compiler for the Altair and established Microsoft.

In 1976, Steve Jobs and Steve Wozniak designed Apple I, Apple's first kit computer, which used the 6502 processor. That was also the year the first word processing program, Electric Pencil, was released, and Shugart introduced the 5.25-inch floppy drive.

With these key components on the market, the personal computing revolution would gather an unstoppable momentum. By 1980, when Commodore launched its popular $299 VIC-20 on the market, Apple had already introduced the Apple II, a computer with a color monitor. Radio Shack had rolled out its TRS-80, and what would become the ComputerLand franchise opened its first store under the name Computer Shack. In five years, the PC had taken the world by storm, forever revolutionizing how people process information.

71. What is the article mainly about?

(A) The early development of personal computers

(B) The similarities between different personal computers

(C) The inventor of the first personal computer

(D) The importance of personal computers in modern society

72. Why did some owners of the MITS Altair 8800 pay more than $439 for the computer?

(A) They requested that extra parts be sent with a kit.

(B) They wanted to have a preassembled device.

(C) They selected an upgraded model.

(D) They ordered an additional 8-bit microprocessor.

73. When was the Zilog Z80 introduced to the market?

(A) In 1975
(B) In 1976
(C) In 1979
(D) In 1980

74. What happened after Apple created its Apple II computer?

(A) The first word processing program was launched.

(B) Bill Gates and Paul Allen founded a software company.

(C) Commodore released a successful product.

(D) The Altair 8800 was introduced to the market.

75. What is implied about Computer Shack?

(A) It was once a branch of the electronics store Radio Shack.

(B) It was formerly owned by Apple founder Steve Wozniak.

(C) It was the only store that ever sold Shugart floppy drives.

(D) It no longer operates under the name Computer Shack.

この記事では、パソコンが発展していく初期の段階で起こった重要な出来事がまとめられている。よって、(A) The early development of personal computers（パソコンの初期の発展）が正解。

(B)、(C)、(D) は、本文の内容とずれています。異なるパソコンの比較は行われていませんし、パソコンの発明者にも触れられていません。現代社会におけるパソコンの重要性については、冒頭で簡単に触れられていますが、記事の主なテーマではありません。

MITS Altair 8800 については、第2段落で述べられている。同段落の最後に、with many customers opting for the already assembled version over the build-it-yourself kit. The kit price was \$439; to have it put together before shipping cost nearly \$200 more.（多くの顧客は、自分で組み立てるキットよりもすでに組み立てられているバージョンを選んだ。キット価格は439ドルで、発送前に組み立ててもらうにはさらに200ドル近くかかった）とある。ここから、通常のキット価格の439ドルより200ドル近く多く支払ったのは、組み立て済みの製品を買うためであることがわかるので、(B) They wanted to have a preassembled device.（組み立て済みの機器を買いたかった）が正解。

本文の the already assembled version（すでに組み立てられているバージョン）が選択肢では、a preassembled device（組み立て済みの機器）に言い換えられています。セミコロンの後は少し文構造が複雑で、to have it put together before shipping までが主語で、cost が過去形の述語動詞です。

73. 正解 (B)

第3段落に、in the same year the Altair 8800 was released, other important developments in the early evolution of PCs were gaining pace. An 8-bit microprocessor, the Zilog Z80, was being created, which would be released the following year（Altair 8800 が発売されたのと同じ年に、PC の初期の進化における他の重要な発展も速度を上げていった。8ビットのマイクロプロセッサー、Zilog Z80が開発されているところで、それは翌年発売された）とある。ここから、Altair 8800 が発売された年に Zilog Z80 が開発されており、その翌年に発売になったことがわかる。そして、第2段落前半の the MITS Altair 8800, introduced as a microcomputer in 1975（1975年にマイクロコンピューターとして発表された MITS Altair 8800）から、Altair 8800 が発売されたのは1975年であるとわかるので、Zilog Z80 が発売されたのは、その翌年にあたる (B) In 1976（1976年）ということになる。

ちりばめられた情報を関連付けて答えを導く問題です。ここでは、Altair 8800 が 2 つの情報をつなぐ鍵になっています。

最終段落前半に、By 1980, when Commodore launched its popular $299 VIC-20 on the market, Apple had already introduced the Apple II, a computer with a color monitor. (Commodoreが人気商品である299ドルのVIC-20を市場で発売した1980年までに、Apple はすでにカラーモニター付きコンピューターのApple II を発売していた) とある。ここから、AppleがApple II を発売した後、Commodoreが人気商品のVIC-20を発売したという時系列になることがわかる。よって、(C) Commodore released a successful product. (Commodore がヒット商品を発売した) が正解。

 第2段落から、Altair 8800 が発売されたのが1975年、第3段落から、Bill Gates と Paul Allen がソフトウェア会社を設立したのも同じ年、第4段落から、最初のワープロソフトが発売されたのは、1976年であるとわかります。Apple が Apple II を発売したのは、その後になります。

最終段落後半に、what would become the ComputerLand franchise opened its first store under the name Computer Shack (将来 ComputerLand のフランチャイズとなるチェーンの第1号店が Computer Shack という名でオープンした) とある。ここから、当初Computer Shackという名で営業していたチェーン店が、後にComputerLandという店名になったことがわかる。よって、(D) It no longer operates under

the name Computer Shack. (もうComputer Shackという
名前では営業していない) が正解。

imply されている (示唆されている) 内容の選択肢を選
ぶ問題です。このタイプの問題では、はっきりそうだと
は書かれてはいないけれど、本文中の情報に基づいて
考えるとそうであろうと推測できる選択肢を選びます。

語句

☐ **dawn** 名 夜明け、黎明
☐ **impossible** 形 できない
☐ **in this day and age** 今日では
☐ **around** 副 存在している、普及している
☐ **decade** 名 10年
☐ **even though 〜** 〜であるが
☐ **introduce** 動 発売する
☐ **certainly** 副 確実に
☐ **get the ball rolling** 始める
☐ **advertise** 動 広告を出す、宣伝する
☐ **mail order** 通信販売
☐ **expect** 動 見込む、予想する
☐ **creator** 名 制作者
☐ **opt** 動 選ぶ
☐ **assemble** 動 組み立てる
☐ **build-it-yourself** 形 自分で組み立てる
☐ **put together** 組み立てる
☐ **shipping** 名 発送
☐ **functionality** 名 機能性
☐ **novelty** 名 目新しさ
☐ **potentially** 副 潜在的に

- □ **present itself** 現れる
- □ **release** 動 発売する 同 launch
- □ **development** 名 発展
- □ **evolution** 名 進化
- □ **gain pace** 速度を上げる
- □ **widely** 副 広く
- □ **all the way up to ～** ～までずっと
- □ **compiler** 名 コンパイラー（プログラムのソースコードをCPUが理解できるオブジェクトコードに変換するプログラム）
- □ **establish** 動 設立する 同 found
- □ **design** 動 設計する
- □ **word processing program** ワープロソフト
- □ **floppy drive** フロッピーディスクドライブ（パソコン黎明期に広く使われていた記録媒体であるフロッピーディスクの読み込みと書き込みを行う装置）
- □ **key** 形 重要な、鍵となる
- □ **component** 名 構成要素
- □ **revolution** 名 革命
- □ **gather** 動 集める
- □ **unstoppable** 形 止めることのできない
- □ **momentum** 名 勢い
- □ **launch** 動 売り出す 同 release
- □ **roll out** 売り出す 同 release, launch
- □ **franchise** 名 フランチャイズ
- □ **under the name ～** ～という名で
- □ **take the world by storm** 世界を席巻する
- □ **forever** 副 恒久的に
- □ **revolutionize** 動 革命的な変化をもたらす
- □ **process** 動 処理する
- □ **similarity** 名 類似点

□ **inventor** 名 発明者

□ **modern** 形 現代の

□ **society** 名 社会

□ **owner** 名 所有者

□ **preassembled** 形 組み立て済みの

□ **device** 名 機器

□ **select** 動 選ぶ 同 choose

□ **upgrade** 動 アップグレードする、性能を高める

□ **order** 動 注文する

□ **additional** 形 追加の

□ **found** 動 設立する 同 establish

□ **successful** 形 成功している

□ **successful product** ヒット商品

□ **imply** 動 示唆する

□ **branch** 名 支店

□ **own** 動 所有する

□ **founder** 名 創設者

□ **ever** 副 かつて

□ **no longer ～** もはや～ない

□ **operate** 動 操業する

訳

問題71〜75は次の記事に関するものです。

パソコンの黎明期

今日では、私たちの多くは、パソコン（PC）なしで仕事または勉強することなど想像もできないが、PCが普及してから数十年しか経っていない。では、どのような初期の段階がこの機械に対する今日の必要性に至らしめたのだろうか。

最初に作られたコンピューターという訳ではないが、1975年にマイクロコンピューターとして発表されたMITS Altair 8800は、確かに我々が今日使っているPCへ向かう始まりであった。このコンピューターキットはテクノロジー雑誌に広告が出され、通信販売で売られた。製作者は数百台程度の販売しか見込んでいなかったが、わずか数週間で数千台を販売し、多くの顧客は、自分で組み立てるキットよりもすでに組み立てられているバージョンを選んだ。キット価格は439ドルで、発送前に組み立ててもらうにはさらに200ドル近くかかった。

多くの人々がその機能性と目新しさのためにPCを求めたことも明らかになったが、これはAltair 8800のメーカーが予想していなかったことであった。巨大化する可能性のある市場が現れ、Altair 8800が発売されたのと同じ年に、PCの初期の進化における他の重要な発展も速度を上げていった。8ビットのマイクロプロセッサー、Zilog Z80が開発されているところで、それは翌年発売され、1980年代中頃までずっと広くPCに使われることになる。開発中であった別の8ビットマイクロプロセッサーは、MOS Technologyの6502であった。その年にBill GatesとPaul AllenもAltair用にBASICコンパイラーを作成しており、Microsoftを創業した。

1976年、Steve JobsとSteve Wozniakは、6502プロセッサ

ーを使ったAppleの最初のキットコンピューター、Apple Iを設計した。この年は、最初のワープロソフトであるElectric Pencilが発売され、Shugartが5.25インチのフロッピーディスクドライブを発表した年でもあった。

これらの重要な構成要素が市場に出ることで、パソコン革命は、止められない勢いをつけていく。Commodoreが人気商品である299ドルのVIC-20を市場で発売した1980年までに、Appleはすでにカラーモニター付きコンピューターのApple IIを発売していた。Radio Shackは、TRS-80を売り出しており、将来ComputerLandのフランチャイズとなるチェーンの第1号店がComputer Shackという名でオープンした。5年間でPCは世界を席巻し、人々が情報を処理する方法に、恒久的で革命的な変化をもたらした。

71. 主に何についての記事ですか。

    (A) パソコンの初期の発展
    (B) 異なるパソコン間の類似点
    (C) 最初のパソコンの発明者
    (D) 現代社会におけるパソコンの重要性

72. 一部のMITS Altair 8800の所有者は、なぜコンピューターに439ドル以上、払いましたか。

    (A) キットと共に追加パーツを送るように頼んだ。
    (B) 組み立て済みの機器を買いたかった。
    (C) アップグレードされたモデルを選んだ。
    (D) 8ビットマイクロプロセッサーを1つ追加で注文した。

73. Zilog Z80 が市場で発売されたのはいつですか。

    (A) 1975年

    (B) 1976年

    (C) 1979年

    (D) 1980年

74. Apple が Apple II コンピューターを作った後に何が起きましたか。

    (A) 最初のワープロソフトが発売された。

    (B) Bill Gates と Paul Allen がソフトウェア会社を設立した。

    (C) Commodore がヒット商品を発売した。

    (D) Altair 8800 が市場で発売された。

75. Computer Shack について何が示唆されていますか。

    (A) かつては電器店 Radio Shack の支店だった。

    (B) 以前、Apple の創業者の Steve Wozniak に所有されていた。

    (C) Shugart のフロッピーディスクドライブをかつて販売した唯一の店だった。

    (D) もう Computer Shack という名前では営業していない。

16

Questions 76–80 refer to the following article. ◀ **16**

The Haunting of
Catfish Plantation Restaurant

Ghosts and good food are rarely linked in
the popular imagination. Yet paranormal
investigators and the owners of Catfish
Plantation Restaurant in Texas agree that this
establishment offers both.

The historic city of Waxahachie is the location
of this Cajun food eatery, where many out-of-
the-ordinary occurrences have been reported
by owners, employees, and visitors. Originally it
was the home of a farmer named Anderson, who
built the house in 1895 and later passed it on to
his daughter, Elizabeth. — [1] —. In the 1920s,
Elizabeth was found murdered inside on her
wedding day. A decade later, a farmer named
Will had made it his home, but then he too
died there under mysterious circumstances. In
1970, another resident, named Caroline, died
of old age in the house. These three deaths may
explain the restaurant's ghostly activity.

The house had been empty for many years
when restaurateurs Tom and Melissa Baker
purchased it in 1984. Soon after they bought

the property, strange things began to happen. — [2] —. And one morning, Melissa found a number of cups neatly stacked in the dining area. They were in the middle of the floor. An employee witnessed a basket floating in the kitchen. Another saw a blue light glowing in a room; the misty figure of what appeared to be a bride was by the window. A broken clock still chimes. Doors lock and unlock on their own. Lights and faucets turn on and off inexplicably.

Because of the overwhelming number of reports, experts in supernatural activity were called to investigate. — [3] —. Among the spirits they identified was a flirtatious man who touches the shoulders and hair of female guests. Another, who they think might be Caroline, considers herself to be the property's owner and apparently becomes irritable when household furnishings are rearranged.

In 2007, the Bakers sold the restaurant to the Landis family, who invited another group of specialists to investigate. — [4] —. The chief investigator concluded that all the spirits were "friendly and positive." Featured on TV programs and in magazines, Catfish Plantation Restaurant and its inhabitants continue to attract patrons who want to enjoy great Cajun food in a spooky ambiance.

76. What do the owners and investigators agree about?

(A) Tragic accidents took place along a Texas highway.

(B) Mr. Anderson was not at his daughter's wedding.

(C) A restaurant is haunted but serves good food.

(D) Visitors should walk up some stairs carefully.

77. According to the article, what happened before 1984?

(A) A house was unoccupied for a period of time.

(B) A house was converted into a Cajun restaurant.

(C) Some farmers renovated a historic building.

(D) The Baker family started renting a property.

78. According to the article, who saw an odd light in the restaurant?

(A) A former inhabitant

(B) A restaurant employee

(C) A visitor from overseas

(D) A business owner

79. What is indicated in the article?

(A) A TV camera operator recorded some mysterious noises in a dining area.

(B) A government official wants a business to close until an investigation is over.

(C) A restaurant owner dislikes people saying that her restaurant is haunted.

(D) An authority on supernatural activity believes a group of spirits is unthreatening.

80. In which of the positions marked [1], [2], [3], and [4] does the following sentence best belong?

"For instance, several wine glasses suddenly fell off a counter."

(A) [1]

(B) [2]

(C) [3]

(D) [4]

第1段落に、Ghosts and good food are rarely linked in the popular imagination. Yet paranormal investigators and the owners of Catfish Plantation Restaurant in Texas agree that this establishment offers both. (一般的なイメージでは、幽霊と美味しい料理が結び付けられることはめったにない。しかし、超常現象の調査員と Texas の Catfish Plantation Restaurant のオーナーは、この施設が両方を提供することに同意している) とある。よって、(C) A restaurant is haunted but serves good food. (レストランは取りつかれているが、美味しい料理を提供する) が正解。

😎 本文と設問の両方に agree (同意する) という語があり、この語が答えを導く手掛かりになっています。

😀 本文では、agree の後ろに that 節が続き、that 以下の内容に「同意する」という用法になっています。それに対して、設問では agree の後ろに前置詞の about が来ています。agree には、自動詞・他動詞両方の用法があることを覚えておきましょう。

第3段落冒頭に、The house had been empty for many years when restaurateurs Tom and Melissa Baker purchased it in 1984. (この家は1984年にレストラン経営者の Tom と Melissa Baker が購入するまで、何年もの間、空き家になっていた) とある。よって、(A) A house was unoccupied for a period of time. (家はしばらくの間、空き家に

なっていた）が正解。

「had + 過去分詞」の形の過去完了形は、「過去のある時
点（ここでは1984年）までに、もうすでに〜していた」
という意味を表します。Part 5の時制問題でも出題され
ることがあるので、頭に入れましょう。

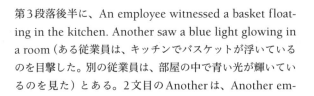

78. 正解 (B)

第3段落後半に、An employee witnessed a basket float-
ing in the kitchen. Another saw a blue light glowing in
a room（ある従業員は、キッチンでバスケットが浮いている
のを目撃した。別の従業員は、部屋の中で青い光が輝いてい
るのを見た）とある。2文目のAnotherは、Another em-
ployee（別の従業員）という意味になるので、(B) A restau-
rant employee（レストランの従業員）が正解。

代名詞のanotherは、前に出て来た名詞を受けて、同じ
種類の別の人・物を指します。ここでは、前文でAn
employee（ある従業員）の話をしているので、Another
はAnother employee（別の従業員）のことになります。

79. 正解 (D)

本文の内容に合う選択肢を選ぶ。第5段落に、The chief
investigator concluded that all the spirits were "friendly
and positive."（主任調査員は、霊は皆「友好的かつ前向
き」であるという判断を下した）とある。よって、(D) An
authority on supernatural activity believes a group of

spirits is unthreatening. (超常現象の権威は、霊の一団は脅威ではないと信じている) が正解。

 The chief investigator (主任調査員) は、超常現象の調査をしている調査員の長なので、An authority on supernatural activity (超常現象の権威) と言えます。また、霊がfriendly and positive (友好的かつ前向き) ということは、unthreatening (脅威ではない) と言い換えられます。

80. 正解 (B)

挿入文のFor instance, several wine glasses suddenly fell off a counter. (例えば、数個のワイングラスが突然カウンターから落ちた) は例を示したものなので、「数個のワイングラスが突然カウンターに落ちた」ことが1つの例となる内容が前に来るはずである。この文を [2] に入れると、前のSoon after they bought the property, strange things began to happen. (彼らが物件を購入した後すぐに、奇妙なことが起こり始めた) の「奇妙なこと」の例示として機能する。また、後ろに続く部分でも奇妙なことの例が挙げられているので、上手くつながる。

 この問題では、For instance (例えば) がフックになっています。「数個のワイングラスが突然カウンターから落ちた」ことが何の例になるのか考えて、挿入位置を探します。

- **haunting** 名 怪奇現象
- **ghost** 名 幽霊
- **rarely** 副 めったに～ない
- **link** 動 結び付ける
- **in the popular imagination** 一般的なイメージでは
- **paranormal** 形 超常的な 同 **supernatural**
- **investigator** 名 調査員
- **establishment** 名 施設
- **offer** 動 提供する
- **historic** 形 歴史的な
- **location** 名 所在地
- **Cajun food** ケイジャン料理（米国南部ルイジアナ州ミシシッピ川周辺の郷土料理）
- **eatery** 名 レストラン
- **out-of-the-ordinary** 形 普通でない
- **occurrence** 名 出来事
- **originally** 副 もともとは
- **farmer** 名 農夫、農民
- **pass on** 譲る
- **murder** 動 （人を故意に）殺す
- **mysterious** 形 不可解な
- **circumstance** 名 状況
- **resident** 名 住人
- **die of old age** 老衰で亡くなる
- **may** 助 ～かもしれない
- **explain** 動 説明する
- **ghostly** 形 幽霊の
- **ghostly activity** 霊的な活動
- **empty** 形 （家が）空き家になっている、空いている
- **restaurateur** 名 レストラン経営者

- □ **purchase** 動 購入する
- □ **property** 名 (不動産の) 物件
- □ **strange** 形 奇妙な
- □ **happen** 動 起こる
- □ **neatly** 副 きちんと
- □ **stacked** 形 積み重ねられた
- □ **in the middle of ～** ～の真ん中に
- □ **witness** 動 目撃する
- □ **float** 動 浮かぶ
- □ **glow** 動 輝く
- □ **misty** 形 かすんだ
- □ **figure** 名 姿
- □ **appear to be ～** ～のように見える
- □ **bride** 名 花嫁
- □ **by the window** 窓辺に
- □ **still** 副 今でもまだ
- □ **chime** 動 (鐘などが) 鳴る
- □ **lock** 動 錠がかかる
- □ **unlock** 動 錠が開く
- □ **turn on** (電灯が) つく、(蛇口が) 開く
- □ **turn off** (電灯が) 消える、(蛇口が) 閉じる
- □ **inexplicably** 副 不可解に
- □ **overwhelming** 形 圧倒的な
- □ **expert** 名 専門家
- □ **supernatural activity** 超常現象
- □ **among A was ～** Aの中に～がいた
- □ **identify** 動 確認する
- □ **flirtatious** 形 軽薄な
- □ **consider A to be ～** Aを～であると考えている
- □ **apparently** 副 ～のようである
- □ **irritable** 形 怒りっぽい
- □ **become irritable** いら立つ

- □ **household furnishings** 家庭用品
- □ **rearrange** 動 並び変える
- □ **invite** 動 依頼する
- □ **specialist** 名 専門家 同 expert
- □ **conclude** 動 判断を下す
- □ **friendly** 形 友好的な
- □ **positive** 形 前向きな
- □ **feature** 動 (テレビ番組や雑誌が) 取り上げる
- □ **inhabitant** 名 住人 同 resident
- □ **attract** 動 引き付ける
- □ **patron** 名 顧客
- □ **spooky** 形 不気味な
- □ **ambiance** 名 雰囲気
- □ **tragic** 形 悲惨な
- □ **take place** (事故などが) 起こる
- □ **highway** 名 幹線道路
- □ **haunted** 形 取りつかれている
- □ **serve** 動 (飲食物を) 提供する
- □ **unoccupied** 形 空き家になっている、空いている
- □ **for a period of time** しばらくの間
- □ **convert** 動 改装する、変える
- □ **renovate** 動 改装する
- □ **rent** 動 賃借する
- □ **odd** 形 奇妙な
- □ **indicate** 動 示す
- □ **operator** 名 技師
- □ **government official** 役人
- □ **investigation** 名 調査
- □ **dislike** 動 嫌う
- □ **authority** 名 権威
- □ **unthreatening** 形 脅威ではない
- □ **for instance** 例えば 同 for example

問題76〜80は次の記事に関するものです。

Catfish Plantation Restaurant の怪奇現象

一般的なイメージでは、幽霊と美味しい料理が結び付けられることはめったにない。しかし、超常現象の調査員とTexasのCatfish Plantation Restaurantのオーナーは、この施設が両方を提供することに同意している。

歴史的な街Waxahachieがこのケイジャン料理レストランの所在地で、数多くのあり得ないような出来事がオーナー、従業員、訪問客によって報告されている。それはもともとAndersonという名の農夫の家で、彼は1895年にそれを建て、その後、娘のElizabethに譲った。1920年代に、Elizabethは、結婚式の当日、家の中で殺害されているのを発見された。10年後、Willという名の農夫がそこを自宅としたが、その後、彼もそこで不可解な状況下で死亡した。1970年に、Carolineという名の別の居住者が、老衰により家の中で亡くなった。これらの3つの死が、レストランの霊的な活動の説明になるかもしれない。

この家は1984年にレストラン経営者のTomとMelissa Bakerが購入するまで、何年もの間、空き家になっていた。彼らが物件を購入した後すぐに、奇妙なことが起こり始めた。例えば、数個のワイングラスが突然カウンターから落ちた。また、ある朝Melissaは、ダイニングエリアにいくつかのカップがきちんと積み重ねられているのを見つけた。それらは床の真ん中にあった。ある従業員は、キッチンでバスケットが浮いているのを目撃した。別の従業員は、部屋の中で青い光が輝いているのを見た。花嫁のように見えるかすんだ姿が窓辺にあった。壊れた時計は、今もまだ鳴る。ドアはひとりでに錠がかかったり開いたりする。不可解に電灯がついたり消えたり、蛇口が開いたり閉じたりする。

圧倒的な数の報告があるので、超常現象の専門家たちが調査のために呼ばれた。彼らが確認した霊の中には、女性客の肩や髪をさわる軽薄な男性のものがいた。彼らがCarolineではないかと考える別の霊は、自分が物件のオーナーであると考えており、家庭用品が並び変えられるといら立つようである。

2007年に、Baker一家はLandis一家にレストランを売却したが、彼らは別の専門家グループに調査を依頼した。主任調査員は、霊は皆「友好的かつ前向き」であるという判断を下した。テレビ番組や雑誌でも紹介されて、Catfish Plantation Restaurantとその住人たちは、不気味な雰囲気の中で素晴らしいケイジャン料理を楽しみたい顧客を引き付け続けている。

76. オーナーと調査員は何について同意していますか。

    (A) Texasの幹線道路沿いで悲惨な事故が起きた。
    (B) Andersonさんは、娘の結婚式に出席しなかった。
    (C) レストランは取りつかれているが、美味しい料理を提供する。
    (D) 来訪者は、気を付けて階段を上るべきである。

77. 記事によると、1984年より前に何が起こりましたか。

    (A) 家はしばらくの間、空き家になっていた。
    (B) 家は、ケイジャンレストランに改装された。
    (C) 農夫たちが歴史的建造物を改装した。
    (D) Baker一家が物件を賃借し始めた。

78. 記事によると、誰が奇妙な光を見ましたか。

    (A) 以前の住人
    (B) レストランの従業員
    (C) 海外からの来訪者
    (D) 会社経営者

79. 記事で何が示されていますか。

   (A) テレビのカメラ技師がダイニングエリアで不可解な音を録音した。
   (B) 役人は、調査が終わるまで、店を閉めることを望んでいる。
   (C) レストランのオーナーは、人々が彼女のレストランは取りつかれていると言うことを嫌う。
   (D) 超常現象の権威は、霊の一団は脅威ではないと信じている。

80. [1]、[2]、[3]、[4] と記載された箇所のうち、次の文が入るのに最もふさわしいのはどれですか。

   「例えば、数個のワイングラスが突然カウンターから落ちた」

   (A) [1]
   (B) [2]
   (C) [3]
   (D) [4]

17

Questions 81–85 refer to the following article. ◀ 17

Dreams and Doubts for Al Maktoum International

Al Maktoum International Airport in Jebel Ali, a port town located about 37 kilometers southwest of the city of Dubai in the Emirate of Dubai, is expected to one day hold the title of "World's Largest Airport." Although the airport is still under construction, its runways are already being used for cargo flights as well as some passenger flights. State-owned carrier Emirates Airlines has plans to make the hub its home base when it is completed in 2027.

Named after the ruling family of the emirate, Al Maktoum International will have five parallel runways and see more passenger traffic than the world's current largest airport, Atlanta's two-terminal Hartfield-Jackson International, followed by Chicago's O'Hare and London's Heathrow airports. The developers of Al Maktoum International envision four airport terminals that will handle more flights than any other airport in history. This might surprise locals in Jebel Ali, who can still occasionally spot camels grazing around the site.

The entire project, including the construction of onsite apartment buildings, is expected to cost $33 billion and will cover twice the area of Hong Kong Island. However, critics argue that spending this much money on an airport is a huge risk for the emirate, known for its palm-shaped islands and soaring towers. They understand that it is already struggling to pay for its excesses, so they fear that the airport will only pull the emirate further into debt.

Its existing airport, Dubai International, which opened in 1960, is among the world's busiest—the main reason for introducing the new one. But while an additional concourse was recently built there to receive more flights, it is Al Maktoum International's future passenger capacity that has grabbed people's attention. This is because the new airport has been designed to serve an incredible 160 million passengers per year, as well as 12 million tons of freight. In contrast, Atlanta handles around 90 million passengers a year.

What does Paul Griffiths, CEO of Dubai Airports Company, which manages Al Maktoum International, think about the airport? He said, "We're not expecting it to be a massive runaway success. To create such a large facility is going to take some time... It's by nature a fairly long-term ambition."

81. What is the main purpose of the article?

    (A) To describe an airport that is being developed

    (B) To propose solutions to transportation problems

    (C) To outline a problem faced by airline companies

    (D) To provide a summary of some flight regulations

82. What can be inferred from the article about Al Maktoum International Airport?

    (A) It was modeled after an airport in London.

    (B) It will have more terminals than an Atlanta airport.

    (C) It has been designated as a military airport.

    (D) It is currently owned by Dubai's ruling family.

83. What is NOT true about Al Maktoum International Airport?

    (A) It will be twice the size of Hong Kong Island.

    (B) It will be the base of operations for an airline.

    (C) It will be used only for cargo flights when it is fully operational.

    (D) It will be the location of a number of residential buildings.

84. According to the article, what do some people believe?

(A) Business at Dubai International Airport will drop due to increased competition.

(B) Constructing Al Maktoum International Airport will result in an increase of debt.

(C) Individuals will organize numerous protests against aircraft noise at the airport.

(D) Expansion of an existing airport will make opening a new one unnecessary.

85. What does Mr. Griffiths indicate in the article?

(A) Profit expectations across the airline industry have fallen in the last few years.

(B) New runway lights have been successfully tested along some landing strips.

(C) Architects have advised against further expanding a busy airport terminal.

(D) Development of a large-scale facility will take a significant amount of time.

この記事では、現在建設中のAl Maktoum International Airportという空港について説明されている。よって、(A) To describe an airport that is being developed（開発されている最中の空港について説明すること）が正解。

（A）の is being developedは、現在進行形の受動態で、行われている最中の受け身の行為を表します。ここでは、「開発されている最中である」という意味になります。現在進行形の受動態は、Part 1の写真描写問題でもよく使われます。

第2段落の前半にAtlanta's two-terminal Hartfield-Jackson International（Atlantaの2つのターミナルを有するHartfield-Jackson International）とあるので、Atlanta の Hartfield-Jackson Internationalには、ターミナルが2つあることがわかる。また、第2段落の中盤に、The developers of Al Maktoum International envision four airport terminals（Al Maktoum Internationalの開発業者は、4つの空港ターミナルを想定している）とあるので、Al Maktoum Internationalには、ターミナルが4つ出来ることがわかる。Al Maktoum International の方が Atlanta の空港より多くターミナルを持つことが推測できるので、(B) It will have more terminals than an Atlanta airport.（Atlantaの空港よりターミナルが多くなる）が正解。

inferは「推測する」という意味です。この問題では、本

文ではっきりそうだとは述べられていないが、本文の内容に基づいて推測すると、そういうことになるという選択肢を選びます。

 第2段落冒頭に、この空港が、首長国を統治している一族にちなんで名付けられたとは書かれていますが、その一族が所有しているとは述べられていません。

83. 正解 (C)

第2段落の前半に、Al Maktoum International will have five parallel runways and see more passenger traffic than the world's current largest airport（Al Maktoum International には、5本の平行滑走路ができる予定で、現時点で世界最大の空港を超える旅客輸送量になるであろう）、第4段落の中盤に、it is Al Maktoum International's future passenger capacity that has grabbed people's attention. This is because the new airport has been designed to serve an incredible 160 million passengers per year（人々の注目を集めているのは Al Maktoum International の未来の収容可能旅客数である。これは、年間1億6,000万人という途方もない旅客数に対応するように設計されているからである）とある。ここから、この空港が貨物便だけではなく、旅客便も利用することがわかる。よって、これに反する (C) It will be used only for cargo flights when it is fully operational.（完全に稼働できるようになった時、貨物便のみに利用される）が正解。(A) と (D) は、第3段落冒頭の The entire project, including the construction of onsite apartment buildings, is expected to cost \$33 billion and will cover twice the area of Hong Kong Island. (敷地内のアパートの建設を含む全プロジェクトは、330億ドルかかると予想されており、香港島の2倍の面積を覆う)、(B) は第1段落終わりのState-owned carrier Emirates Airlines has plans to make the hub its home base (国有航空会社のEmirates Airlines は、このハブ空港を本拠地にする計画がある) に対応する記述がある。

🙄 NOT問題には、本文で触れられていない選択肢が正解になるパターンと本文の内容に反する選択肢が正解になるパターンがありますが、今回は後者でした。

84. 正解 (B)

第3段落の後半に、They understand that it is already struggling to pay for its excesses, so they fear that the airport will only pull the emirate further into debt. (彼らは、首長国がすでに超過分の支払いに苦労していることを知っているので、空港は同国にさらなる負債を負わせるだけではないのかと懸念している) とある。よって、(B) Constructing Al Maktoum International Airport will result in an increase of debt. (Al Maktoum International Airportの建設は、負債の増加につながる) が正解。

😊 選択肢で使われているresult in 〜は、「結果として〜になる、〜につながる」という意味です。result from 〜 (〜に起因する、〜に由来する) と合わせて覚えましょう。

Mr. Griffithsは最終段落に登場する。彼の発言の引用部分に、To create such a large facility is going to take some time… It's by nature a fairly long-term ambition. (このような大きな施設を作るには、ある程度時間がかかるものなので。これは、もともとかなり長期的な目標です) とあるので、(D) Development of a large-scale facility will take a significant amount of time. (大規模な施設の開発は、かなりの時間がかかる) が正解。

正解の選択肢にあるsignificantは、「かなりの、重要な」という2つの意味で出る重要語です。

語句

- **doubt** 名 懸念
- **located** 形 位置する 同 situated
- **emirate** 名 首長国：イスラム世界の君主の称号である「首長」が統治する国
- **Emirate of Dubai** ドバイ首長国：アラブ首長国連邦 (United Arab Emirates、略称UAE) を構成する7つの首長国の1つで、首都はDubai。
- **expect** 動 期待する
- **title** 名 称号
- **construction** 名 建設
- **under construction** 建設中
- **runway** 名 滑走路
- **cargo** 名 貨物
- **passenger** 名 旅客
- **state-owned** 形 国有の

- □ **carrier** 名 航空会社
- □ **hub** 名 中心地（ここでは、航空ネットワークの中心になる空港の意）
- □ **home base** 本拠地
- □ **complete** 動 完成させる
- □ **name after ～** ～にちなんで名付ける
- □ **ruling** 形 支配する
- □ **parallel** 形 平行の
- □ **passenger traffic** 旅客輸送量
- □ **current** 形 現在の
- □ **developer** 名 開発業者
- □ **envision** 動 想定する
- □ **handle** 動 対応する
- □ **in history** 歴史上で
- □ **surprise** 動 驚かす
- □ **local** 名 地元民
- □ **occasionally** 副 時々
- □ **spot** 動（見てすぐに）気づく
- □ **camel** 名 ラクダ
- □ **graze** 動（動物が）草を食べる
- □ **site** 名 敷地、現場、場所
- □ **entire** 形 全体の
- □ **including** 前 ～を含む
- □ **onsite** 形 敷地内の
- □ **cost** 動（費用が）かかる（過去形・過去分詞もcost）
- □ **cover** 動 覆う
- □ **area** 名 面積
- □ **critic** 名 批判する人
- □ **argue** 動 論じる、主張する
- □ **huge** 形 莫大な
- □ **risk** 名 リスク、危険要因
- □ **known for ～** ～で知られる

- □ **palm-shaped** 形 ヤシの形をした
- □ **soaring** 形 空にそびえる
- □ **struggle** 動 苦労する
- □ **excess** 名 超過分
- □ **fear** 動 懸念する、心配する
- □ **debt** 名 負債
- □ **existing** 形 既存の
- □ **introduce** 動 導入する
- □ **additional** 形 追加の 同 extra
- □ **concourse** 名 コンコース（駅・空港などの中央ホール）
- □ **capacity** 名 収容能力
- □ **grab** 動 つかむ
- □ **attention** 名 注目
- □ **design** 動 設計する
- □ **serve** 動 対応する
- □ **incredible** 形 途方もない、信じられない
- □ **freight** 名 貨物、積荷
- □ **in contrast** それに対して、対照的に
- □ **manage** 動 運営する
- □ **massive** 形 巨大な 同 huge, enormous
- □ **runaway success** 楽な成功
- □ **by nature** もともと
- □ **fairly** 副 かなり
- □ **long-term** 形 長期の
- □ **ambition** 名 目標、野心の的
- □ **describe** 動 説明する
- □ **propose** 動 提案する
- □ **solution** 名 解決策
- □ **transportation** 名 輸送
- □ **outline** 動 概要を説明する
- □ **face** 動 直面する
- □ **summary** 名 概要、まとめ、要約

- □ **flight regulation** 飛行規程
- □ **infer** 動 推測する
- □ **model A after ～** ～を手本にAを作る
- □ **designate** 動 指定する
- □ **military airport** 軍用飛行場
- □ **currently** 副 現在
- □ **base of operations** 事業拠点
- □ **fully operational** 完全に稼働できる
- □ **location** 名 所在地
- □ **a number of ～** 複数の～
- □ **residential** 形 居住用の
- □ **due to ～** ～のため
- □ **competition** 名 競争
- □ **result in ～** ～につながる
- □ **individual** 名 人、個人
- □ **organize** 動 組織する
- □ **protest** 名 抗議運動
- □ **expansion** 名 拡張
- □ **unnecessary** 形 不必要な
- □ **indicate** 動 示す
- □ **profit** 名 利潤
- □ **expectation** 名 期待
- □ **industry** 名 業界、産業
- □ **successfully** 副 首尾よく
- □ **landing strip** 滑走路
- □ **architect** 名 設計士
- □ **advise against ～** ～しないように忠告する
- □ **further** 副 さらに
- □ **expand** 動 拡張する
- □ **significant** 形 かなりの

問題81～85は次の記事に関するものです。

Al Maktoum International への夢と懸念

ドバイ首長国Dubai市の南西およそ37キロに位置する港町 Jebel AliのAl Maktoum International Airportは、いつか「世界最大の空港」の称号を持つことが期待されている。空港はまだ建設中ではあるが、その滑走路はすでに貨物便といくつかの旅客便に利用されている。国有航空会社のEmirates Airlinesは、このハブ空港が2027年に完成する際、本拠地にする計画がある。

首長国を統治している一族にちなんで名付けられたAl Maktoum Internationalには、5本の平行滑走路ができる予定で、現時点で世界最大のAtlantaの2つのターミナルを有するHartfield-Jackson International 空港、そしてそれに次ぐChicagoのO'Hare空港、LondonのHeathrow空港を超える旅客輸送量になるであろう。Al Maktoum Internationalの開発業者は、歴史上でどの空港よりも多くの便に対応する4つの空港ターミナルを想定している。このことは、敷地周辺で今でもラクダが草を食べているのを時々目にするJebel Aliの地元民を驚かせるかもしれない。

敷地内のアパートの建設を含む全プロジェクトは、330億ドルかかると予想されており、香港島の2倍の面積を覆う。しかし批判する人たちは、1つの空港にこれ程多くの金額をかけるのは、ヤシの形をした島々と高層タワーで知られる首長国にとって莫大なリスクであると論じる。彼らは、首長国がすでに超過分の支払いに苦労していることを知っているので、空港は同国にさらなる負債を負わせるだけではないのかと懸念している。

すでにある1960年開港のDubai Internationalは、世界で最も航行量の多い空港の1つで、それが新空港を導入する主な理由で

ある。しかし、より多くのフライトを受け入れるため、最近そこに追加のコンコースが建設された一方で、人々の注目を集めているのはAl Maktoum Internationalの未来の収容可能旅客数である。これは、新空港が1,200万トンの貨物に加えて、年間1億6,000万人という途方もない旅客数に対応するように設計されているからである。それに対して、Atlanta空港は毎年、約9,000万人の旅客に対応している。

Al Maktoum International を運営する Dubai Airports Company の CEO である Paul Griffiths は、同空港についてどう考えているのだろうか。彼は、「我々は、これが楽な大成功になるとは思っていません。このような大きな施設を作るには、ある程度時間がかかるものなので。これは、もともとかなり長期的な目標です」と述べている。

81. 記事の主な目的は何ですか。

    (A) 開発されている最中の空港について説明すること

    (B) 輸送の問題に対する解決策を提案すること

    (C) 航空会社が直面する問題の概要を説明すること

    (D) いくつかの飛行規程の概要を提供すること

82. 記事から、Al Maktoum International Airportについて何が推測できますか。

    (A) London の空港を手本に作られた。

    (B) Atlanta の空港よりターミナルが多くなる。

    (C) 軍用飛行場に指定されている。

    (D) Dubai を統治している一族に現在、所有されている。

83. Al Maktoum International Airport について正しくないのはどれですか。

(A) 香港島の2倍の面積になる。

(B) 航空会社の事業拠点になる。

(C) 完全に稼働できるようになった時、貨物便のみに利用される。

(D) 複数の居住用ビルの所在地となる。

84. 記事によると、一部の人々は何を信じていますか。

(A) Dubai International Airport の商売は、競争激化のため落ち込む。

(B) Al Maktoum International Airport の建設は、負債の増加につながる。

(C) 人々は、空港での航空機の騒音に対する多くの抗議運動を組織する。

(D) 既存の空港の拡張は、新空港の開港を不必要にする。

85. Griffiths さんは、記事で何を示していますか。

(A) 航空業界全体の利潤期待は、過去数年下がっている。

(B) いくつかの滑走路沿いで、新しい滑走路照明が首尾よく検査された。

(C) 建築士たちは、発着便の多い空港ターミナルをさらに拡張しないように忠告した。

(D) 大規模な施設の開発は、かなりの時間がかかる。

18

Questions 86–90 refer to the following article. ◀ 18

Polluting and Cleaning the Sky

A major problem that big cities face is air pollution, which can be dangerous to people's health as well as to plants and animals. The people of Beijing, the capital of China, have particularly suffered from poor air quality in recent years. As a result, heart disease and asthma rates are higher there than before. While factors causing air pollution in Beijing include local manufacturing and coal burning, approximately 70 percent of its smog comes from motor vehicles.

Air pollution does not only affect urban areas. According to estimates by a team of scientists in India, 75 percent of deaths there related to air pollution occur in rural areas. Much like in China, the economy in India has grown rapidly along with its manufacturing sector. Consequently, air pollution has also been on the rise. Far away from India's manufacturing plants, however, many who live in rural areas continue to burn wood and other materials to cook food or heat their homes. The pollution caused by these activities is as harmful as that released from the country's factories.

As for Sweden, its capital of Stockholm has won the European Green Capital Award partly because of its efforts to maintain excellent air quality. The city has significantly cut its carbon emissions since the 1990s and continues to improve its public transport and thereby decrease its use of fossil fuels. What's more, Stockholm residents are increasingly cycling to work, which is reducing the number of vehicles on the city's roads. Beijing, once known as the Kingdom of Bicycles, is also trying to get people to commute to work by bicycle instead of by car.

Steps are also being taken to remove existing pollution from the air. For example, a Dutch company developed the Smog Free Tower, which sucks in pollutants and lets out clean air. The first of these buildings was constructed in Holland, and plans are underway to introduce them in other parts of the world. Another solution is to grow giant kelp, which absorbs carbon dioxide. Despite all of these efforts, the World Health Organization predicts that air pollution will continue to increase globally. Clearly, much more needs to be done to ensure that communities can breathe clean air in the future.

86. What is stated in the article about air pollution in China?

(A) It is mainly the result of burning coal in areas near the country's capital.

(B) It is being addressed by moving manufacturing plants away from big cities.

(C) It has led to an increase in illnesses among the country's residents.

(D) It has been worse in the countryside than in the capital city of Beijing.

87. What does the article indicate about residents of rural areas in India?

(A) They rarely suffer from health problems associated with air pollutants.

(B) They often have jobs at factories where pollutants make them unhealthy.

(C) They now depend on electricity rather than firewood to heat their homes.

(D) They pollute the air by burning materials in order to prepare meals.

88. How is Sweden's capital trying to reduce its use of fossil fuels?

(A) By handing out European Green Capital Awards to its citizens

(B) By making improvements to the city's transportation system

(C) By promoting itself as the world's new Kingdom of Bicycles

(D) By building Smog Free Towers using only electrical machinery

89. According to the article, how are people dealing with pollution?

(A) They are using plants to make environmentally friendly packaging.

(B) They are following the advice of scientists based at an Indian university.

(C) They are using giant kelp as a fuel that does not impact the environment.

(D) They are making structures capable of removing substances from the air.

90. What is NOT mentioned about pollution in the article?

(A) Most air pollution in Beijing is produced by motor vehicles.

(B) Most pollution-related deaths in India occur in urban areas.

(C) A capital city was awarded for its efforts to avoid polluting the air.

(D) An international agency expects global pollution levels to rise.

中国に関しては、第1段落で述べられている。前半に、The people of Beijing, the capital of China, have particularly suffered from poor air quality in recent years. As a result, heart disease and asthma rates are higher there than before. (中国の首都である北京の人々は、近年、空気の質の悪さに特に苦しんでいる。その結果、そこでは心臓病と喘息の発生率が以前よりも高くなっている) とあるので、(C) It has led to an increase in illnesses among the country's residents. (住民の間で病気の増加につながっている) が正解。

石炭の燃焼も中国における大気汚染の要因の1つですが、approximately 70 percent of its smog comes from motor vehicles (スモッグの約70%は自動車から発生している) とあるので、主な原因ではありません。

インドに関する記述は、第2段落にある。後半に、Far away from India's manufacturing plants, however, many who live in rural areas continue to burn wood and other materials to cook food or heat their homes. The pollution caused by these activities is as harmful as that released from the country's factories. (しかし、インドの製造工場から遠く離れた農村部に住む多くの人々は、料理や家の暖房に木材やその他の材料を燃やし続けている。これらの行為によって引き起こされる汚染は、インドの工場から放出される汚染と同様に有害である) とあるので、(D) They pollute

the air by burning materials in order to prepare meals.
（食事の準備のために材料を燃やすことで、空気を汚染している）が正解。

第2段落の最後の2文（5文目と6文目）が正解の根拠になります。5文目で料理と暖房のために材料を燃やしていること、6文目でそれが汚染を引き起こしていることが述べられています。このように正解の根拠が複数の文に分かれている場合もあります。

88. 正解 (B)

スウェーデンに関しては、第3段落で述べられている。前半に、The city has significantly cut its carbon emissions since the 1990s and continues to improve its public transport and thereby decrease its use of fossil fuels.（同市は1990年代以降、炭素排出量を大幅に削減し、公共交通機関を改善し続け、それによって化石燃料の使用を減らし続けている）とあるので、(B) By making improvements to the city's transportation system（市の交通システムを改善することによって）が正解。

第3段落の1文目にAs for Sweden, its capital of Stockholm（スウェーデンについては、首都のStockholm）とあるので、設問文のSweden's capital（スウェーデンの首都）がStockholmであるとわかります。

第4段落の冒頭に、Steps are also being taken to remove existing pollution from the air. For example, a Dutch company developed the Smog Free Tower, which sucks in pollutants and lets out clean air. (大気から既存の汚染を取り除くための措置も取られている。たとえば、オランダの会社は、汚染物質を吸い込んできれいな空気を排出する Smog Free Tower を開発した) とある。よって、(D) They are making structures capable of removing substances from the air. (空気から物質を取り除くことができる構造物を作っている) が正解。

 本文の sucks in pollutants and lets out clean air (汚染物質を吸い込んできれいな空気を排出する) が選択肢では removing substances from the air (空気から物質を取り除くこと) に言い換えられています。

汚染に関して本文で述べられていないものを選ぶ。(A)は第1段落のapproximately 70 percent of its smog comes from motor vehicles (スモッグの約70%は自動車から発生している) に、(C)は第3段落の As for Sweden, its capital of Stockholm has won the European Green Capital Award partly because of its efforts to maintain excellent air quality. (スウェーデンについては、首都の Stockholm が、良好な空気の質を維持するための努力もあり、European Green Capital Award を受賞した) に、(D)は第4段落の the

World Health Organization predicts that air pollution will continue to increase globally（世界保健機関は大気汚染が世界的に増加し続けると予測している）にそれぞれ対応している。(B)については、第2段落に75 percent of deaths there related to air pollution occur in rural areas（インドでの大気汚染に関連する死亡の75%は農村地域で発生している）とあり、これは(B)の内容と矛盾するので、(B)が正解。

💀 NOT問題には、正解の選択肢の情報が本文中にないタイプと、正解の選択肢の情報が本文の内容と矛盾するタイプがありますが、この問題は後者でした。こちらのタイプは、該当箇所が見つかれば答えが決まるので、解きやすいです。

□ **pollute** 動 汚す、汚染する
□ **major** 形 大きな、主要な
□ **face** 動 直面する
□ **pollution** 名 汚染
□ **dangerous** 形 危害を加える、危険な
□ **A as well as B** AもBも
□ **capital** 名 首都
□ **particularly** 副 特に
□ **suffer** 動 苦しむ
□ **quality** 名 質
□ **as a result** その結果
□ **heart disease** 心臓病
□ **asthma** 名 喘息
□ **rate** 名 率
□ **factor** 名 要因
□ **cause** 動 引き起こす
□ **include** 動 含む
□ **local** 形 地元の
□ **manufacturing** 名 製造業
□ **coal** 名 石炭
□ **burning** 名 燃焼
□ **approximately** 副 約
□ **motor vehicle** 自動車
□ **affect** 動 影響を与える
□ **urban** 形 都市の
□ **estimate** 名 推定
□ **related to ～** ～に関連した
□ **occur** 動 発生する、起こる
□ **rural** 形 田舎の、農村の
□ **much like ～** ～同様

- □ **economy** 名 経済
- □ **grow** 動 成長する（過去形はgrew、過去分詞はgrown）
- □ **rapidly** 副 急速に
- □ **sector** 名 部門、セクター
- □ **consequently** 副 その結果
- □ **on the rise** 増加傾向にある、増えつつある
- □ **far away from 〜** 〜から遠く離れ
- □ **continue** 動 続ける
- □ **material** 名 材料
- □ **heat** 動 暖める
- □ **activity** 名 行為、活動
- □ **harmful** 形 有害な
- □ **release** 動 放出する
- □ **as for 〜** 〜については
- □ **win** 動 受賞する、勝ち取る（過去形・過去分詞はwon）
- □ **partly** 副 部分的に、一部
- □ **effort** 名 努力
- □ **maintain** 動 維持する
- □ **excellent** 形 極めて良好な、優れた
- □ **significantly** 副 大幅に
- □ **carbon** 名 炭素
- □ **emission** 名 排出
- □ **improve** 動 改善する
- □ **transport** 名 交通 同 transportation
- □ **public transport** 公共交通機関
- □ **thereby** 副 それによって
- □ **decrease** 動 減らす、削減する
- □ **fossil** 名 化石
- □ **fuel** 名 燃料
- □ **what's more** その上
- □ **resident** 名 住民
- □ **increasingly** 副 ますます

□ **cycle to work**　自転車で通勤する

□ **reduce**　動 減らす

□ **once known as ～**　～として知られていた

□ **kingdom**　名 王国

□ **commute**　動 通勤する

□ **commute to work by ～**　～で通勤する

□ **instead of ～**　～ではなく、～の代わりに

□ **remove**　動 取り除く

□ **existing**　形 既存の

□ **develop**　動 開発する

□ **suck**　動 吸う

□ **pollutant**　名 汚染物質

□ **let out ～**　～を排出する

□ **construct**　動 建設する

□ **underway**　形 進行中の

□ **introduce**　動 導入する

□ **solution**　名 解決策

□ **giant kelp**　ジャイアントケルプ、オオウキモ

□ **absorb**　動 吸収する

□ **carbon dioxide**　二酸化炭素

□ **World Health Organization**　世界保健機関（略称 WHO）

□ **predict**　動 予測する

□ **increase**　動 増加する

□ **globally**　副 世界的に

□ **clearly**　副 明らかに

□ **ensure**　動 確実なものとする

□ **breathe**　動 (気体を) 吸い込む

□ **state**　動 述べる

□ **result of ～**　～の結果

□ **address**　動 対処する

□ **indicate**　動 示唆する、示す

- □ **rarely** 副 ほとんどない
- □ **associated with ～** ～に関連する
- □ **unhealthy** 形 不健康な
- □ **depend on ～** ～に依存する
- □ **rather than ～** ～ではなく
- □ **prepare** 動 準備する
- □ **hand out ～** ～を与える
- □ **citizen** 名 市民
- □ **improvement** 名 改善
- □ **make improvements to ～** ～を改善する
- □ **transportation** 名 交通 同 transport
- □ **promote** 動 宣伝する
- □ **electrical** 形 電気の
- □ **machinery** 名 機械
- □ **environmentally** 副 環境的に
- □ **friendly** 形 やさしい
- □ **environmentally friendly** 環境にやさしい
- □ **follow** 動 従う
- □ **impact** 動 影響を与える
- □ **environment** 名 環境
- □ **capable of -ing** ～できる
- □ **substance** 名 物質
- □ **mention** 動 述べる
- □ **produce** 動 引き起こす
- □ **award** 動 表彰する
- □ **avoid** 動 回避する、避ける
- □ **international** 形 国際の
- □ **agency** 名 機関
- □ **expect** 動 予想する
- □ **global** 形 世界の
- □ **rise** 動 上昇する（過去形はrose、過去分詞はrisen）

訳

問題86～90は次の記事に関するものです。

空の汚染と浄化

大気汚染は大都市が直面する大きな問題の1つで、それは人々の健康にも動植物にも害を与える可能性がある。中国の首都である北京の人々は、近年、空気の質の悪さに特に苦しんでいる。その結果、そこでは心臓病と喘息の発生率が以前よりも高くなっている。北京で大気汚染を引き起こしている要因には、地元の製造業と石炭の燃焼が含まれるが、スモッグの約70%は自動車から発生している。

大気汚染は都市部に影響を与えるだけではない。インドの科学者チームの推定によると、インドでの大気汚染に関連する死亡の75%は農村地域で発生している。中国同様、インドの経済は製造業部門とともに急速に成長している。その結果、大気汚染も増加傾向にある。しかし、インドの製造工場から遠く離れた農村部に住む多くの人々は、料理や家の暖房に木材やその他の材料を燃やし続けている。これらの行為によって引き起こされる汚染は、インドの工場から放出される汚染と同様に有害である。

スウェーデンについては、首都のStockholmが、良好な空気の質を維持するための努力もあり、European Green Capital Awardを受賞した。同市は1990年代以降、炭素排出量を大幅に削減し、公共交通機関を改善し続け、それによって化石燃料の使用を減らし続けている。その上、Stockholmの住民は自転車で通勤する人が増えており、それが市内の道路を走る車の数を減らしている。かつて自転車王国として知られていた北京も、市民に、車ではなく自転車で通勤させるようにしている。

大気から既存の汚染を取り除くための措置も取られている。たとえば、オランダの会社は、汚染物質を吸い込んできれいな空気

を排出するSmog Free Towerを開発した。この建物の第1弾が
オランダで建設され、世界の他の地域でも導入する計画が進行
中である。別の解決策は、二酸化炭素を吸収するジャイアントケ
ルプを育てることである。これらのすべての努力にもかかわらず、
世界保健機関は大気汚染が世界的に増加し続けると予測してい
る。将来、地域社会がきれいな空気を吸えることを確実なものと
するためには、明らかに、さらに多くのことが行われる必要が
ある。

86. 中国の大気汚染に関して、記事で何が述べられていますか。

　　(A) 主に首都付近の地域での石炭燃焼の結果である。
　　(B) 大都市から製造工場を移転することで対処されている。
　　(C) 住民の間で病気の増加につながっている。
　　(D) 首都北京よりも地方の方がひどい状態である。

87. この記事はインドの農村地域の住民について何を示してい
　　ますか。

　　(A) 大気汚染物質に関連する健康問題に苦しむことはめった
　　　にない。
　　(B) しばしば、汚染物質が彼らを不健康にする工場の職に就
　　　いている。
　　(C) 現在、家を暖めるのに、薪ではなく電気に依存している。
　　(D) 食事の準備のために材料を燃やすことで、空気を汚染し
　　　ている。

88. スウェーデンの首都は、化石燃料の使用をどのように削減しようとしていますか。

(A) 市民に European Green Capital Awards を与えることによって
(B) 市の交通システムを改善することによって
(C) 世界の新しい自転車王国であることを宣伝することによって
(D) 電動機械のみを使って Smog Free Towers を建設することによって

89. 記事によると、人々はどのように汚染に対処していますか。

(A) 環境にやさしい梱包材を作るために植物を使っている。
(B) インドの大学に拠点を置く科学者のアドバイスに従っている。
(C) 環境に影響を与えない燃料としてジャイアントケルプを使っている。
(D) 空気から物質を取り除くことができる構造物を作っている。

90. 汚染に関して記事で述べられていないのはどれですか。

(A) 北京の大気汚染のほとんどは、自動車によって引き起こされている。
(B) インドの汚染関連の死亡のほとんどは、都市部で発生している。
(C) ある首都が大気汚染を回避するための努力に対して表彰された。
(D) 国際機関が世界の汚染レベルが上昇すると予想している。

19

Questions 91–95 refer to the following article. 🔈 19

Coney Island's Historic Parks

Fairs and carnivals have provided entertainment ever since the Middle Ages. But people were not able to enjoy amusement parks until the late 1800s. Much like modern-day amusement parks, the earliest ones had rides such as carousels and rollercoasters. — [1] —. There was everything from dancing animals to acrobatic shows. Three of history's most influential amusement parks were in the Coney Island area of Brooklyn, New York City. Their names were Steeplechase Park, Luna Park, and Dreamland.

The first of the three parks to be built was Steeplechase Park, which opened in 1897. Its most renowned attraction was a course consisting of a long set of steel tracks, each with a mechanical horse. — [2] —. Visitors would get up on the horses and then race to the finish line. The park's founder was George Tilyou, who wanted to create a place for family-friendly entertainment. Despite a devastating fire in 1907, it was around for much longer than Coney Island's two other major amusement parks. The Tilyou family continued to operate

Steeplechase Park until 1964.

Fred Thompson and Skip Dundy opened Luna Park in 1903. — [3] —. What made it different from other parks at that time were its 250,000 light bulbs, which brightly illuminated its castle-like towers. The park also specialized in travel-related rides. For instance, visitors could imagine they were at the North Pole, at the bottom of the sea, and even on the moon. And they could take a simulated elephant ride through the streets of Delhi, India. Similar tours of Japan, Ireland, and Southern Europe were also available. All of the fun would come to an end in 1944, when the park was destroyed by a fire.

The last of Coney Island's three famous parks was Dreamland. Opened one year after Luna Park, Dreamland was designed by William Reynolds. He wanted all the attractions to be even more impressive than those in nearby Luna Park. — [4] —. Its buildings were bigger, and one million light bulbs lit up its streets and rides, but the park would not stay open for long. In 1911, after only seven years in operation, Dreamland burned down. Now Coney Island's famous parks are a part of the past, but their influence on modern-day amusement parks lives on.

91. What could visitors to Steeplechase Park do?

(A) Win money by placing bets on animals that raced around a track

(B) Watch actors dressed as firefighters extinguish a fire in a building

(C) Watch George Tilyou on stage as he put on a special magic show

(D) Sit on fake horses and race each other to the end of a course

92. What is one reason that people visited Luna Park?

(A) It held fireworks shows on Saturdays during the summer months.

(B) Visitors could take part in tours designed to make them feel like they were traveling.

(C) Visitors could see the first electric light bulb ever made in the United States.

(D) It sometimes gave out tickets for passenger ships bound for Europe.

93. How was Dreamland different from the park that Fred Thompson and Skip Dundy opened?

(A) Most of the buildings in Dreamland were much smaller.

(B) Most of Dreamland was open to the public one year earlier.

(C) Dreamland was open to the public for many more years.

(D) Dreamland had many more light bulbs lighting up its streets.

94. What is mentioned in the article?

(A) Steeplechase Park's name changed twice in the 1900s.

(B) Luna Park eventually closed down in October of 1964.

(C) William Reynolds hired a designer to create his park.

(D) All three of Coney Island's historic parks had fires.

95. In which of the positions marked [1], [2], [3], and [4] does the following sentence best belong?

"They also featured plenty of other attractions."

(A) [1]

(B) [2]

(C) [3]

(D) [4]

91. 正解 (D)

Steeplechase Parkについて述べている第2段落に、Its most renowned attraction was a course consisting of a long set of steel tracks, each with a mechanical horse. Visitors would get up on the horses and then race to the finish line. (その最も有名なアトラクションは、それぞれが機械式の馬を備えた長い鋼製の走路で構成されるコースだった。来園者はそれらの馬に乗ってゴールまで競争した) とある。ここから、Steeplechase Parkへの来園者ができたことは、(D) Sit on fake horses and race each other to the end of a course (偽物の馬に乗って、コースの最後まで互いに競い合うこと) であるとわかる。

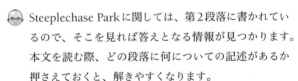 Steeplechase Park に関しては、第2段落に書かれているので、そこを見れば答えとなる情報が見つかります。本文を読む際、どの段落に何についての記述があるか押さえておくと、解きやすくなります。

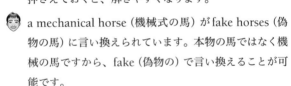 a mechanical horse (機械式の馬) がfake horses (偽物の馬) に言い換えられています。本物の馬ではなく機械の馬ですから、fake (偽物の) で言い換えることが可能です。

92. 正解 (B)

Luna Parkについては第3段落に記述がある。その中にThe park also specialized in travel-related rides. For instance, visitors could imagine they were at the North Pole, at the bottom of the sea, and even on the moon. (また、こ

の遊園地は、旅行関係の乗り物に特化していた。たとえば、来園者は自分たちが北極、海の底、さらには月にいると想像することができた) とあり、これはLuna Parkを訪れる理由の１つと考えられるので、(B) Visitors could take part in tours designed to make them feel like they were traveling. (来園者は、旅行をしているような感じにさせるように設計されたツアーに参加できた) が正解。

 「城のような塔を明るく照らす25万個の電球」の記述はありますが、それが米国で初めに製造されたものとは書かれていないので、(C)は不正解です。

93. 正解 (D)

第3段落に、Fred Thompson and Skip Dundy opened Luna Park in 1903. (Fred Thompson と Skip Dundy は1903年にLuna Parkをオープンした) とあるので、設問のthe park that Fred Thompson and Skip Dundy opened (Fred Thompson と Skip Dundy が開いた遊園地) は、Luna Parkのことであるとわかる。よって、問われているのはLuna ParkとDreamlandの違いである。Luna Parkに関しては第3段落に、What made it different from other parks at that time were its 250,000 light bulbs, which brightly illuminated its castle-like towers. (城のような塔を明るく照らす25万個の電球が、それを当時の他の遊園地と一線を画したものにした) とある。Dreamlandに関しては第4段落に、Its buildings were bigger, and one million light bulbs lit up its streets and rides (その建物はより大きく、100万個の電球が通りや乗り物を照らした) とある。Dreamlandの方がLuna Parkより電球の数が多いことがわ

かるので、(D) Dreamland had many more light bulbs lighting up its streets. (通りを照らす電球がより多くあった) が正解。

 第4段落に、DreamlandはLuna Parkの1年後にオープンしたとあります。(B)は1年前になっていますので、不正解です。

94. 正解 (D)

第2段落の Despite a devastating fire in 1907, it was around for much longer than Coney Island's two other major amusement parks. (それは1907年の壊滅的な火災にもかかわらず、Coney Islandの他の2つの主要な遊園地よりもはるかに長い間営業した) から、Steeplechase Parkで火災があったことがわかる。第3段落のAll of the fun would come to an end in 1944, when the park was destroyed by a fire. (遊園地が火災によって破壊された1944年に、すべての楽しみは終結を迎えた) から、Luna Parkで火災があったことがわかる。第4段落の In 1911, after only seven years in operation, Dreamland burned down. (1911年、わずか7年間の運営の後、Dreamlandは全焼した) から、Dreamlandで火災があったことがわかる。第1段落でこれら3つの遊園地はすべて Coney Island にあったと述べられているので、(D) All three of Coney Island's historic parks had fires. (Coney Island の3つの歴史的に有名な遊園地すべてにおいて火災が発生した) が正解。

 本文の内容と一致する選択肢を選ぶタイプの問題でした。この問題では、fire (火災) に関する情報が3段落に

散らばっていたので、正解の根拠の確認に時間がかかり
ます。

95. 正解 (A)

挿入文は、They also featured plenty of other attractions.
（また、それらは他にもたくさんのアトラクションを呼び物と
していた）なので、前にアトラクションに関連した記述が来
るはずである。[1] の前は、Much like modern-day amuse-
ment parks, the earliest ones had rides such as carou-
sels and rollercoasters.（現代の遊園地と同じように、初期
の遊園地にはカルーセル（回転木馬）やジェットコースター
などの乗り物があった）というアトラクションに関する内容
になっているので、挿入位置としてここが適切。

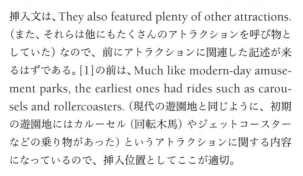 挿入文中の other attractions（他のアトラクション）か
ら、この文の前には、アトラクションが挙げられている
ことがわかります。よって、アトラクションを手掛かり
に適切な空欄を探します。

[1] に入れると、後ろの There was everything from
dancing animals to acrobatic shows.（踊る動物から
アクロバティックなショーまであらゆるものがあった）
とも上手くつながります。

挿入文中の They は the earliest ones（= amusement
parks）を指しています。also（～もまた）も位置選択問
題を解く際のフックの1つです。

- □ **historic** 形 歴史的に有名な
- □ **provide** 動 提供する
- □ **entertainment** 名 娯楽
- □ **Middle Ages** 中世（一般的に5世紀から15世紀末までを指す）
- □ **amusement park** 遊園地
- □ **modern-day** 形 現代の
- □ **ride** 名 乗り物
- □ **carousel** 名 カルーセル、回転木馬、メリーゴーラウンド
- □ **rollercoaster** 名 ジェットコースター
- □ **acrobatic** 形 アクロバティックな
- □ **influential** 形 影響力のある
- □ **renowned** 形 有名な 同 famous
- □ **attraction** 名 アトラクション
- □ **consist** 動 構成する
- □ **track** 名 走路
- □ **mechanical** 形 機械式の
- □ **visitor** 名 来園者
- □ **get up on ～** ～に乗る
- □ **founder** 名 創設者
- □ **create** 動 作る
- □ **family-friendly** 形 家族向けの
- □ **despite** 前 ～にもかかわらず
- □ **devastating** 形 壊滅的な
- □ **fire** 名 火災
- □ **around** 副 存在して、営業して
- □ **continue** 動 続ける
- □ **operate** 動 運営する
- □ **make A different from B** AをBと一線を画したものにする

280

□ **light bulb** 電球

□ **brightly** 副 明るく

□ **illuminate** 動 照らす

□ **castle-like** 形 城のような

□ **-like** 〜のような

□ **specialize in 〜** 〜に特化する

□ **travel-related** 形 旅行関連の

□ **for instance** 例えば

□ **imagine** 動 創造する

□ **bottom** 名 底

□ **simulated** 形 模造の

□ **similar** 形 同様の

□ **available** 形 利用できる

□ **come to an end** 終結を迎える

□ **destroy** 動 破壊する

□ **design** 動 設計する

□ **impressive** 形 素晴らしい

□ **light** 動 照らす（過去形・過去分詞はlit）

□ **burn down** 全焼する

□ **win** 動（賭けで）稼ぐ（過去形・過去分詞はwon）

□ **place a bet** 賭けをする

□ **dress** 動 扮する

□ **firefighter** 名 消防士

□ **extinguish** 動 消す

□ **put on 〜** （ショー、劇など）を行う

□ **fake** 形 偽の

□ **fireworks** 名（複数形で）花火大会

□ **take part in 〜** 〜に参加する

□ **give out 〜** 〜を配布する

□ **bound for 〜** 〜行きの

□ **open to the public** 一般に公開される

□ **mention** 動 述べる
□ **eventually** 副 最終的に
□ **hire** 動 雇う
□ **feature** 動 呼び物とする
□ **plenty of ～** たくさんの～

訳

問題91〜95は次の記事に関するものです。

Coney Island の歴史的に有名な遊園地

フェアやカーニバルは、中世以来ずっと娯楽を提供してきた。しかし、1800年代後半まで、人々は遊園地を楽しむことができなかった。現代の遊園地と同じように、初期の遊園地にはカルーセル（回転木馬）やジェットコースターなどの乗り物があった。また、それらは他にもたくさんのアトラクションを呼び物としていた。踊る動物からアクロバティックなショーまであらゆるものがあった。歴史上最も影響力のある遊園地の3つは、New York CityのBrooklynのConey Island地区にあった。Steeplechase Park、Luna Park、そしてDreamlandがそれらの名前である。

3つの遊園地のうち最初に建設されたのは、1897年に開園したSteeplechase Parkだった。その最も有名なアトラクションは、それぞれが機械式の馬を備えた長い鋼製の走路で構成されるコースだった。来園者はそれらの馬に乗ってゴールまで競争した。その遊園地の創設者は、家族向けの娯楽のための場所を作りたいと考えていたGeorge Tilyouだった。それは1907年の壊滅的な火災にもかかわらず、Coney Islandの他の2つの主要な遊園地よりもはるかに長い間営業した。Tilyou家は、1964年までSteeplechase Parkの運営を続けた。

Fred ThompsonとSkip Dundyは、1903年にLuna Parkをオープンした。城のような塔を明るく照らす25万個の電球が、それを当時の他の遊園地と一線を画したものにした。また、この遊園地は、旅行関係の乗り物に特化していた。たとえば、来園者は自分たちが北極、海の底、さらには月にいると想像することができた。彼らは、模造の象に乗ってインドのDelhiの通りを巡ることができた。日本、アイルランド、南ヨーロッパへの同様のツアーも利用できた。遊園地が火災によって破壊された1944年に、すべての楽しみは終結を迎えた。

Coney Islandの3つの有名な遊園地の最後は、Dreamlandだった。Luna Parkの1年後にオープンしたDreamlandは、William Reynoldsによって設計された。彼は、すべてのアトラクションが近くのLuna Parkのものよりもさらに素晴らしいものになることを望んでいた。その建物はより大きく、100万個の電球が通りや乗り物を照らしたが、この遊園地は長くは営業を続けなかった。1911年、わずか7年間の運営の後、Dreamlandは全焼した。現在、Coney Islandの有名な遊園地は過去の一部であるが、現代の遊園地への影響は今も続いている。

91. Steeplechase Parkへの来園者は何ができましたか。

    (A) 走路を駆け回る動物に賭けてお金を稼ぐこと

    (B) 消防士に扮した俳優が建物の火を消すのを見ること

    (C) George Tilyouがステージで特別なマジックショーを行う様子を見ること

    (D) 偽物の馬に乗って、コースの最後まで互いに競い合うこと

92. 人々がLuna Parkを訪れた理由の1つは何ですか。

    (A) 夏の間、土曜日に花火大会を開催していた。

    (B) 来園者は、旅行をしているような感じにさせるように設計されたツアーに参加できた。

    (C) 来園者は、米国で初めて製造された電球を見ることができた。

    (D) 時としてヨーロッパ行きの旅客船のチケットを配布することがあった。

93. Dreamlandは、Fred ThompsonとSkip Dundyが開いた遊園地とどのように異なっていましたか。

    (A) ほとんどの建物は、はるかに小さかった。

    (B) 大部分は、1年早く一般に公開されていた。

    (C) 何年も長く一般に公開されていた。

    (D) 通りを照らす電球がより多くあった。

94. 記事には何が述べられていますか。

    (A) Steeplechase Parkの名前は、1900年代に2回変更された。

    (B) Luna Parkは、最終的に1964年10月に閉鎖された。

    (C) William Reynoldsは、遊園地を作るためにデザイナーを雇った。

    (D) Coney Islandの3つの歴史的に有名な遊園地すべてにおいて火災が発生した。

95. [1]、[2]、[3]、[4]と記載された箇所のうち、次の文が入るの
に最もふさわしいのはどれですか。

「また、それらは他にもたくさんのアトラクションを呼び物
としていた」

(A) [1]
(B) [2]
(C) [3]
(D) [4]

20

Questions 96–100 refer to the following article. 📢 20

HUDSON'S BAY COMPANY

Operating since 1670, Hudson's Bay Company (HBC) is the oldest continuously operating merchandising company in the world. Originally headquartered in London, HBC moved to what is now Canada and is currently based in Toronto.

It began when two French explorers, Pierre-Esprit Radisson and Médard Chouart des Groseilliers, found a rich area for fur trapping deep in the northern woodlands of North America. – [1] –. Their plan was to reach the interior via Hudson Bay. But not finding the financing they needed in the Americas, the pair eventually took their idea to England and asked Prince Rupert, a cousin of King Charles II, for support. The prince put together a group that would finance their needs, and in 1668 the *Nonsuch*, the first ship of their expedition, headed for Hudson Bay.

Before long, HBC would have significant control over the Hudson Bay area, and at times it even enforced certain laws in the region. Its business dealings included hiring trappers, ordering and shipping trade items, and organizing fur auctions. – [2] –. Natives also brought furs to these auctions to trade for necessities such as knives, kettles, and blankets.

As time went by, HBC became increasingly involved with settlements across the continent. This later enabled the company to sustain itself when changing fashion trends in the nineteenth century diminished the importance of the fur trade. − [3] −.

North American gold rushes in the mid-1800s soon introduced a new type of customer − one who bought goods with cash instead of fur. HBC transformed many of its trading posts into shops, stocking them with a much wider range of items. − [4] −. Following the advice of Richard Burbridge, a former director at Harrods department store in London, the company dramatically modernized in 1912 and soon opened six department stores in Victoria, Vancouver, Edmonton, Calgary, Saskatoon, and Winnipeg. The scope of its business at this point had also been widened to include transportation as well as oil and gas.

HBC still has a big market share among Canada's mass merchandisers, with annual retail sales of around 10 billion Canadian dollars − not bad for a company that's about 350 years old! Now, it is once again adapting to its environment by charging forward with e-commerce operations. This will help take this longest-standing company into the future and perhaps even into the centuries to come.

96. What does the article indicate about the French explorers?

(A) They worked with a tribe of native Americans.
(B) They discovered a lucrative business opportunity.
(C) They found a water route to the Atlantic Ocean.
(D) They opened a trading post for general supplies.

97. What is implied about Hudson's Bay Company?

(A) It drafted laws that were later followed by early Canadian settlers.
(B) It was purchased by Harrods in England during the 1900s.
(C) It was the sole North American producer of cooking instruments until the 1800s.
(D) It was forced to adjust its business strategy due to changing fashion tastes.

98. According to the article, when did Hudson's Bay Company begin selling more types of goods?

(A) In the 1600s
(B) In the 1700s
(C) In the 1800s
(D) In the 1900s

99. What has most likely been the primary business of Hudson's Bay Company?

(A) Shipping
(B) Export
(C) Retail
(D) Fuel

100. In which of the positions marked [1], [2], [3], and [4] does the following sentence best belong?

"Subsequently, they sought financial support to start a fur-trading company."

(A) [1]
(B) [2]
(C) [3]
(D) [4]

第2段落冒頭に、It began when two French explorers, Pierre-Esprit Radisson and Médard Chouart des Groseilliers, found a rich area for fur trapping deep in the northern woodlands of North America.（それは、Pierre-Esprit Radisson と Médard Chouart des Groseilliers の 2 人のフランス人探検家が、北米の北部森林地帯の奥地にある毛皮用動物の捕獲に恵まれた地域を見つけた時に始まった）とある。毛皮用動物の捕獲に恵まれた地域を見つけたということは、そこで入手した毛皮を販売するビジネスの機会を見つけたことになるので、(B) They discovered a lucrative business opportunity.（利益の出るビジネス機会を発見した）が正解。

 found a rich area（恵まれた地域を見つけた）が、discovered a lucrative business opportunity（利益の出るビジネス機会を発見した）に言い換えられています。

第4段落に、This later enabled the company to sustain itself when changing fashion trends in the nineteenth century diminished the importance of the fur trade.（これは後に、19世紀のファッション傾向の変化が毛皮取引の重要性を弱めた際、会社が持続することを可能にした）とある。ファッション傾向の変化によって毛皮取引の重要性が弱まった後も会社を維持するためには、状況の変化に応じて経営戦略を変更する必要があったであろうと推測できる。よって、(D) It was forced to adjust its business strategy due

to changing fashion tastes.（ファッションの好みの変化に
より、経営戦略を変更せざるを得なかった）が正解。

 第5段落でも、HBCが交易所の多くを小売店に変え、幅
広い商品を扱うことで、ファッション傾向の変化に対応
したことが述べられています。

98. 正解 (C)

第5段落冒頭に、North American gold rushes in the
mid-1800s soon introduced a new type of customer—
one who bought goods with cash instead of fur. HBC
transformed many of its trading posts into shops,
stocking them with a much wider range of items.（1800
年代中頃の北米のゴールドラッシュは、毛皮でなく現金で商
品を購入する新しい客層を程なく登場させた。HBC は交易
所の多くを小売店に変え、はるかに幅広い商品を仕入れた）
とある。ここから商品の種類を大幅に増やしたのは1800 年
代であるとわかるので、(C) In the 1800s（1800年代）が
正解。

 本文のa much wider range of items（はるかに幅広い
商品）と設問のmore types of goods（より種類の多い
商品）が対応しています。

第5段落に、the company dramatically modernized in 1912 and soon opened six department stores (同社は1912年に飛躍的に近代化し、すぐに6つの百貨店を開いた) とあり、最終段落に、HBC still has a big market share among Canada's mass merchandisers, with annual retail sales of around 10 billion Canadian dollars (HBC は、年間約100億カナダドルの小売売上高があり、今もなおカナダの大型小売店の中で大きな市場占有率を得ている) とある。1912年以降、百貨店を開き、今もなおカナダの大型小売店の中で大きな市場占有率を得ているということから考えて、本業は (C) Retail (小売) であると推測できる。

😀 設問に most likely (可能性が高い、〜であると考えられる) が入っているので、はっきり書かれてはいないが、そうである可能性が高い選択肢が正解になります。

挿入文は、Subsequently, they sought financial support to start a fur-trading company. (続いて、彼らは毛皮貿易の会社を興すための資金援助を求めた) で、文頭の Subsequently (続いて) がフックになっている。「続いて」で始まっているので、この文の前には「彼らは毛皮貿易の会社を興すための資金援助を求めた」の前に起こった事柄に関する記述があるはずである。それに該当するのは、第2段落冒頭の It began when two French explorers, Pierre-Esprit Radisson and Médard Chouart des Groseilliers, found a rich area for fur trapping deep in the northern wood-

lands of North America.（それは、Pierre-Esprit Radisson
とMédard Chouart des Groseilliersの2人のフランス人探
検家が、北米の北部森林地帯の奥地にある毛皮用動物の捕
獲に恵まれた地域を見つけた時に始まった）で、その直後の
[1] が挿入位置として適切。

 [1]に入れると、挿入文中のtheyが前の文のtwo French
explorers, Pierre-Esprit Radisson and Médard Chouart
des Groseilliers（Pierre-Esprit Radisson と Médard
Chouart des Groseilliersの2人のフランス人探検家）
を受ける形になります。よって、このtheyもフックにな
っています。

□ **operate** 動 営業する

□ **continuously** 副 継続的に

□ **merchandising** 名 商品販売

□ **merchandising company** 商事会社

□ **originally** 副 当初

□ **headquarter** 動 本社を置く

□ **currently** 副 現在

□ **based in** ～ ～を拠点とする

□ **explorer** 名 探検家

□ **rich** 形 恵まれた、豊かな

□ **fur** 名 毛皮

□ **trapping** 名 (わなで) 捕獲すること

□ **fur trapping** 毛皮用動物の捕獲

□ **deep** 副 深く

□ **northern** 形 北部の

□ **woodland** 名 森林地帯

□ **reach** 動 到達する

□ **interior** 名 内陸

□ **via** 前 ～を通って

□ **financing** 名 資金調達

□ **pair** 名 2人

□ **eventually** 副 最後に

□ **ask A for** ～ Aに～を求める

□ **support** 名 支援

□ **put together** ～ ～を作る

□ **finance** 動 融資する

□ **expedition** 名 遠征隊

□ **head for** ～ ～に向かう

□ **before long** 間もなく

□ **significant** 形 かなりの

- □ **control** 名 支配力
- □ **at times** 時には
- □ **enforce** 動 執行する
- □ **region** 名 地域
- □ **business dealing** 商取引
- □ **include** 動 含む 反 exclude 除く
- □ **hire** 動 雇う 同 employ, recruit
- □ **trapper** 名 （わなを仕掛けて獲物を捕る）猟師
- □ **order** 動 注文する
- □ **ship** 動 発送する
- □ **trade item** 交易品
- □ **organize** 動 運営する
- □ **auction** 名 競売、オークション
- □ **native** 名 地元民
- □ **trade** 動 交換する
- □ **necessity** 名 必需品
- □ **kettle** 名 ヤカン
- □ **blanket** 名 毛布
- □ **as time goes by** 時が経つにつれて
- □ **increasingly** 副 次第に
- □ **become involved with 〜** 〜と深くかかわるようになる
- □ **settlement** 名 入植地
- □ **continent** 名 大陸
- □ **enable** 動 可能にする
- □ **sustain** 動 持続する
- □ **trend** 名 流行
- □ **diminish** 動 弱める
- □ **importance** 名 重要性
- □ **fur trade** 毛皮取引
- □ **gold rush** ゴールドラッシュ（金鉱に発掘者が殺到すること）

□ **introduce** 動 登場させる
□ **new type of customer** 新しい客層
□ **goods** 名 商品 同 merchandise, product
□ **cash** 名 現金
□ **instead of ～** ～の代わりに
□ **transform** 動 変える
□ **trading post** 交易所
□ **stock** 動 (商品などを) 仕入れる
□ **follow** 動 従う
□ **former** 形 元、前の
□ **director** 名 取締役
□ **department store** 百貨店
□ **dramatically** 副 飛躍的に
□ **modernize** 動 近代化する
□ **scope** 名 領域
□ **scope of business** 業務範囲
□ **widen** 動 広げる
□ **transportation** 名 運輸
□ **still** 副 今もなお
□ **market share** 市場占有率
□ **mass** 形 大規模な
□ **merchandiser** 名 小売店
□ **annual** 形 年間の
□ **retail** 名 小売り
□ **not bad for ～** ～にしては悪くない
□ **adapt** 動 適応する
□ **environment** 名 環境
□ **charge** 動 突き進む
□ **e-commerce** 名 インターネット商取引
□ **operation** 名 事業
□ **long-standing** 形 長く続いている

- □ **centuries to come** 今後何世紀にも渡って
- □ **indicate** 動 示す
- □ **tribe** 名 部族
- □ **discover** 動 発見する 同 find
- □ **lucrative** 形 利益の出る
- □ **opportunity** 名 機会 同 chance
- □ **water route** 水路
- □ **Atlantic Ocean** 大西洋
- □ **general supply** 一般補給品
- □ **imply** 動 示唆する
- □ **draft** 動 起草する
- □ **settler** 名 入植者
- □ **purchase** 動 買収する
- □ **sole** 形 唯一の
- □ **producer** 名 製造業者 同 maker
- □ **instrument** 名 器具
- □ **be forced to ～** ～せざるを得ない
- □ **adjust** 動 変更する
- □ **strategy** 名 戦略
- □ **due to ～** ～のため 同 because of, owing to
- □ **taste** 名 好み
- □ **primary** 形 主な、最も重要な
- □ **primary business** 本業
- □ **shipping** 名 輸送
- □ **export** 名 輸出 反 import 輸入
- □ **fuel** 名 燃料
- □ **subsequently** 副 後に
- □ **seek** 動 求める（過去形・過去分詞はsought）
- □ **financial** 形 資金に関する

問題96〜100は次の記事に関するものです。

Hudson's Bay Company

1670年から営業しているHudson's Bay Company（HBC）は、継続的に営業している世界で最も古い商事会社である。当初Londonに本社を置いていたが、HBCは今日カナダになっている場所に移転し、現在Torontoを本拠地としている。

それは、Pierre-Esprit RadissonとMédard Chouart des Gro-seilliersの2人のフランス人探検家が、北米の北部森林地帯の奥地にある毛皮用動物の捕獲に恵まれた地域を見つけた時に始まった。続いて、彼らは毛皮貿易の会社を興すための資金援助を求めた。彼らの計画は、ハドソン湾を通って内陸へと到達することだった。しかし、必要としていた資金をアメリカ大陸で調達できなかった2人は、最後にそのアイデアを英国に持って行き、King Charles IIのいとこであるPrince Rupertに支援を求めた。王子は、彼らの必要としている資金を融資する団体を作り、1668年に彼らの遠征隊の最初の船、Nonsuchがハドソン湾へ向かった。

間もなく、HBCはハドソン湾地域にかなりの支配力を持つようになり、時にはその地域において特定の法の執行も行った。同社の商取引は、猟師たちの雇用、交易品の注文と発送、そして毛皮競売の運営を含んでいた。地元民も、ナイフやヤカン、毛布などの必需品と交換するために毛皮を競売に持ち込んだ。

時が経つにつれて、HBCは次第に大陸中の入植地と深く関わるようになった。これは後に、19世紀のファッション傾向の変化が毛皮取引の重要性を弱めた際、会社が持続することを可能にした。

1800年代中頃の北米のゴールドラッシュは、毛皮でなく現金で

商品を購入する新しい客層を程なく登場させた。HBCは交易所の多くを小売店に変え、はるかに幅広い商品を仕入れた。同社は、LondonのHarrods百貨店の元取締役であるRichard Burbridgeのアドバイスに従って、1912年に飛躍的に近代化し、すぐに6つの百貨店をVictoria、Vancouver、Edmonton、Calgary、SaskatoonとWinnipegに開いた。また、この時点で同社の業務範囲は、運輸および石油やガスを含むまでに広げられていた。

HBCは、年間約100億カナダドルの小売売上高があり、今もなおカナダの大型小売店の中で大きな市場占有率を得ている。これは、創業約350年の企業にしては悪くない。現在、HBCはインターネット商取引事業を持って前に突き進むことで、再び環境に適応しようとしている。これは、この最も長く続いている企業を未来へ、そしておそらく今後何世紀にも渡って、導くことを助けるであろう。

96. 記事はフランス人探検家について何を示していますか。

    (A) アメリカ先住民の部族と協力した。

    (B) 利益の出るビジネス機会を発見した。

    (C) 大西洋への水路を発見した。

    (D) 一般補給品の交易所を開いた。

97. Hudson's Bay Companyについて何が示唆されていますか。

    (A) 初期のカナダ移民が後に従う法律を起草した。

    (B) 1900年代に英国のHarrodsに買収された。

    (C) 1800年代まで北米で唯一の調理器具製造業者だった。

    (D) ファッションの好みの変化により、経営戦略を変更せざるを得なかった。

98. 記事によると、Hudson's Bay Companyはいつ、より種類の多い商品を販売し始めましたか。

(A) 1600年代
(B) 1700年代
(C) 1800年代
(D) 1900年代

99. Hudson's Bay Company の本業であると考えられるのは何ですか。

(A) 輸送
(B) 輸出
(C) 小売
(D) 燃料

100. [1]、[2]、[3]、[4] と記載された箇所のうち、次の文が入るのに最もふさわしいのはどれですか。

「続いて、彼らは毛皮貿易の会社を興すための資金援助を求めた」

(A) [1]
(B) [2]
(C) [3]
(D) [4]

✂ リトリキ

TOEIC® L&R TEST 読解特急3　長めの記事編　解答用紙

No.	ANSWER				No.	ANSWER				No.	ANSWER				No.	ANSWER				No.	ANSWER			
	A	B	C	D		A	B	C	D		A	B	C	D		A	B	C	D		A	B	C	D
1	Ⓐ	Ⓑ	Ⓒ	Ⓓ	11	Ⓐ	Ⓑ	Ⓒ	Ⓓ	21	Ⓐ	Ⓑ	Ⓒ	Ⓓ	31	Ⓐ	Ⓑ	Ⓒ	Ⓓ	41	Ⓐ	Ⓑ	Ⓒ	Ⓓ
2	Ⓐ	Ⓑ	Ⓒ	Ⓓ	12	Ⓐ	Ⓑ	Ⓒ	Ⓓ	22	Ⓐ	Ⓑ	Ⓒ	Ⓓ	32	Ⓐ	Ⓑ	Ⓒ	Ⓓ	42	Ⓐ	Ⓑ	Ⓒ	Ⓓ
3	Ⓐ	Ⓑ	Ⓒ	Ⓓ	13	Ⓐ	Ⓑ	Ⓒ	Ⓓ	23	Ⓐ	Ⓑ	Ⓒ	Ⓓ	33	Ⓐ	Ⓑ	Ⓒ	Ⓓ	43	Ⓐ	Ⓑ	Ⓒ	Ⓓ
4	Ⓐ	Ⓑ	Ⓒ	Ⓓ	14	Ⓐ	Ⓑ	Ⓒ	Ⓓ	24	Ⓐ	Ⓑ	Ⓒ	Ⓓ	34	Ⓐ	Ⓑ	Ⓒ	Ⓓ	44	Ⓐ	Ⓑ	Ⓒ	Ⓓ
5	Ⓐ	Ⓑ	Ⓒ	Ⓓ	15	Ⓐ	Ⓑ	Ⓒ	Ⓓ	25	Ⓐ	Ⓑ	Ⓒ	Ⓓ	35	Ⓐ	Ⓑ	Ⓒ	Ⓓ	45	Ⓐ	Ⓑ	Ⓒ	Ⓓ
6	Ⓐ	Ⓑ	Ⓒ	Ⓓ	16	Ⓐ	Ⓑ	Ⓒ	Ⓓ	26	Ⓐ	Ⓑ	Ⓒ	Ⓓ	36	Ⓐ	Ⓑ	Ⓒ	Ⓓ	46	Ⓐ	Ⓑ	Ⓒ	Ⓓ
7	Ⓐ	Ⓑ	Ⓒ	Ⓓ	17	Ⓐ	Ⓑ	Ⓒ	Ⓓ	27	Ⓐ	Ⓑ	Ⓒ	Ⓓ	37	Ⓐ	Ⓑ	Ⓒ	Ⓓ	47	Ⓐ	Ⓑ	Ⓒ	Ⓓ
8	Ⓐ	Ⓑ	Ⓒ	Ⓓ	18	Ⓐ	Ⓑ	Ⓒ	Ⓓ	28	Ⓐ	Ⓑ	Ⓒ	Ⓓ	38	Ⓐ	Ⓑ	Ⓒ	Ⓓ	48	Ⓐ	Ⓑ	Ⓒ	Ⓓ
9	Ⓐ	Ⓑ	Ⓒ	Ⓓ	19	Ⓐ	Ⓑ	Ⓒ	Ⓓ	29	Ⓐ	Ⓑ	Ⓒ	Ⓓ	39	Ⓐ	Ⓑ	Ⓒ	Ⓓ	49	Ⓐ	Ⓑ	Ⓒ	Ⓓ
10	Ⓐ	Ⓑ	Ⓒ	Ⓓ	20	Ⓐ	Ⓑ	Ⓒ	Ⓓ	30	Ⓐ	Ⓑ	Ⓒ	Ⓓ	40	Ⓐ	Ⓑ	Ⓒ	Ⓓ	50	Ⓐ	Ⓑ	Ⓒ	Ⓓ

READING SECTION

TOEIC® L&R TEST 読解特急3　長めの記事編　解答用紙

キリトリ

READING SECTION

No.	ANSWER	No.	ANSWER	No.	ANSWER	No.	ANSWER	No.	ANSWER
51	A B C D	61	A B C D	71	A B C D	81	A B C D	91	A B C D
52	A B C D	62	A B C D	72	A B C D	82	A B C D	92	A B C D
53	A B C D	63	A B C D	73	A B C D	83	A B C D	93	A B C D
54	A B C D	64	A B C D	74	A B C D	84	A B C D	94	A B C D
55	A B C D	65	A B C D	75	A B C D	85	A B C D	95	A B C D
56	A B C D	66	A B C D	76	A B C D	86	A B C D	96	A B C D
57	A B C D	67	A B C D	77	A B C D	87	A B C D	97	A B C D
58	A B C D	68	A B C D	78	A B C D	88	A B C D	98	A B C D
59	A B C D	69	A B C D	79	A B C D	89	A B C D	99	A B C D
60	A B C D	70	A B C D	80	A B C D	90	A B C D	100	A B C D

著者紹介

神崎 正哉 (かんざき・まさや)

1967年、神奈川県生まれ。やどかり出版株式会社代表取締役。神田外語大学准教授。東京水産大学 (現東京海洋大学) 海洋環境工学科卒。テンプル大学大学院修士課程修了 (英語教授法)。TOEIC® L&R TEST は、1997年11月～2017年11月の間に146回受験し、990点 (満点) 99回取得。TOEIC® Speaking Test 200点 (満点)、TOEIC® Writing Test 200点 (満点)、英検1級、国連英検特A級、ケンブリッジ英検CPEなど、英語の資格を多数保持。著書に『新TOEIC® TEST 出る順で学ぶボキャブラリー990』(講談社)、共著書に『TOEIC® L&R TEST 標準模試2』(yadokari) などがある。

TEX加藤 (テックス・かとう)

1967年、大阪府生まれ。神戸市外国語大学外国語学部英米学科卒。一般企業での約20年の勤務を経て、2010年、TOEIC TEST 講師に転身。現在、専門学校 神田外語学院で専任講師を務める。2008年以降、10年以上にわたり TOEIC TEST を継続受験し、最新の傾向を授業や著書に反映している。2021年10月、TOEIC公開テストの満点の取得回数100回を達成。2019・20・21年に受験したTOEIC公開テスト全20回、すべて「990点」。英検1級。著書に『TOEIC® L&R TEST 出る単特急 金のフレーズ』『TOEIC® L&R TEST 出る単特急 銀のフレーズ』『TOEIC® L&R TEST 出る単特急 金のセンテンス』(以上、小社)、『TOEIC® L&Rテスト 文法問題 でる1000問』(アスク)、共著に「TOEIC® L&R TEST 読解特急シリーズ」(小社) など多数。共著も含めた著者の累計発行部数は300万部を超える。

Daniel Warriner (ダニエル・ワーリナ)

1974年、カナダ、ナイアガラフォールズ生まれ。ブロック大学英文学科卒。1998年来日。北海道大学、都内の英語学校でTOEIC® L&R Test 対策、英会話を教えるとともに、講師トレーニング及び教材開発に携わる。現在、翻訳会社に勤務。共著書に「TOEIC® L&R TEST 読解特急シリーズ」(小社)、『はじめての新TOEIC® TEST 完全総合対策』(IBC パブリッシング)、『TOEIC® L&R TEST 標準模試2』(yadokari) などがある。

TOEIC® L&R TEST 読解特急3
長めの記事編

2022年7月30日　第1刷発行

著　者	神崎 正哉 TEX加藤 Daniel Warriner
発行者	三宮 博信
装　丁	川原田 良一
本文デザイン	コントヨコ
イラスト	cawa-j ☆ かわじ
印刷所	大日本印刷株式会社
発行所	朝日新聞出版

〒104-8011　東京都中央区築地 5-3-2
電話　03-5541-8814 (編集)　03-5540-7793 (販売)
© 2022 Masaya Kanzaki, TEX Kato, Daniel Warriner
Published in Japan by Asahi Shimbun Publications Inc.
ISBN 978-4-02-332260-8
定価はカバーに表示してあります。
落丁・乱丁の場合は弊社業務部 (電話 03-5540-7800) へご連絡ください。
送料弊社負担にてお取り替えいたします。